Thomas Morus zur Einführung

Dietmar Herz

Thomas Morus zur Einführung

unter Mitarbeit von Veronika Weinberger

JUNIUS

Junius Verlag GmbH
Stresemannstraße 375
22761 Hamburg

Umschlaggestaltung: Florian Zietz
Titelfoto: Archiv Gerstenberg
Satz: Druckhaus Dresden GmbH
Druck: Druckhaus Dresden GmbH
Printed in Germany 1999
ISBN 3-88506-301-8
1. Auflage April 1999

Die Deutsche Bibliothek - CIP-Einheitsaufnahme

Herz, Dietmar:
Thomas Morus zur Einführung / Dietmar Herz. –
1. Aufl. – Hamburg : Junius, 1999
(Zur Einführung ; 201)
ISBN 3-88506-301-8

Inhalt

Vorwort

»Aber jetzt beschwöre ich dich bei aller Wahrsagekunst, sag mir doch einmal genau, was ist das eigentlich für ein Ding: ein Heros? Denn wirklich: ich hab davon keine Ahnung!«

Lukian[1]

Thomas Morus ist uns ein Fremder, ungeachtet seiner Bekanntheit und der Bewunderung, die ihm seine Leser durch fünfhundert Jahre entgegenbrachten. Das gilt für die Person wie das Werk. Den einen ist Morus ein Vorläufer des Sozialismus, den anderen ein Heiliger der (katholischen) Kirche. Für wieder andere steht er am Beginn einer verhängnisvollen Entwicklung, deren Wegbereiter Denker wie Erasmus, Morus und Machiavelli gewesen seien – bereits die »spielerische Grausamkeit der Humanisten«[2], so etwa Eric Voegelin, verweise auf die bevorstehende Entwicklung der Neuzeit, an deren Ende in der ersten Hälfte des 20. Jahrhunderts die Barbarei Triumphe feierte.

Morus wird also für verschiedene Traditionen in Anspruch genommen und entzieht sich doch einer eindeutigen Einordnung. Als Heiliger wie als Vorläufer des Kommunismus ist er der Gegenwart entrückt. Von seinen Schriften kennt man im Regelfall allenfalls *Utopia*. Wenige Bewunderer von *Utopia* aber kennen den Autor religiöser Pamphlete, deren harsche Wortwahl – zumeist aus dem Fäkalbereich – sogar einen Luther oder Rabelais ob ihrer Derbheit beeindruckt haben muß. Wenige Leser der *Utopia* kennen auch den Politiker, der Häretiker und Kritiker der Kirche mit erbarmungsloser Konsequenz verfolgte und ihnen nicht mit der vergleichsweisen Milde begegnete, die ihm gegenüber Heinrich VIII. lange Zeit bezeugte.

Der Theologe und Politiker Morus war ein konservativer Denker; er wollte bewahren, was er als wahr zu erkennen glaubte.

Dennoch ging er gleichzeitig neue Wege; er suchte nach einer neuen und überzeugenden Begründung für die bestehenden Institutionen. Diese Einrichtungen aber, welche die Ordnung seiner Welt begründeten, wollte er unter allen Umständen erhalten. Veränderungen begegnete Morus mit Mißtrauen. Die alte und ehrwürdige Kirche etwa verteidigte er mit aller Kraft. Einen Tag nachdem sich der englische Klerus dem König unterworfen hatte, trat Morus als Lordkanzler zurück. Für die Bewahrung der alten Ordnung ließ er schließlich sein Leben – vergebens.

Der Mensch und Gelehrte Morus hatte viele Facetten. Er war durchaus der geistreiche Ironiker, ein neuer Lukian, der aus dem Griechischen übersetzte, ein wundervolles Latein sprach und seiner Tochter eine großartige Erziehung gab, was zu seiner Zeit ein Novum darstellte. Zudem war er hochintelligent, gebildet wie kaum ein zweiter, und er bemühte sich um Gerechtigkeit. Auch die »res publica« lag ihm am Herzen: Morus suchte nach Möglichkeiten zur Verbesserung der Universitäten und des Erziehungswesens. Engagiert setzte er sich für das soziale Wohlergehen seiner Mitmenschen und des Gemeinwesens ein. Das war aber nur die eine Seite. Denn Morus war auch ein Sarkast, der seine zweite Frau aus einer Mischung von Bequemlichkeit und Notwendigkeit heiratete, sich stets über seine Umwelt mokierte, der er sich überlegen fühlte und die er, soweit dies möglich war, einem strengen Regiment unterwarf. Den Familienvater und Patriarchen aus Überzeugung füllte aber auch diese Rolle nicht aus. Immer wollte er auch ein anderes Leben: Er sehnte sich nach mönchischer Askese und unterlag doch seinen körperlichen Bedürfnissen, wie er dies, offen oder versteckt, häufig formulierte. Konsequenterweise betrachtete er sein Leben zumeist als einen Kompromiß zwischen verschiedenen Lebensweisen, in dunklen Stunden wohl auch als Niederlage. Es ist nicht einfach, sich ein Bild dieses Mannes zu machen.

Morus war zunächst ein Mensch des Mittelalters, verwurzelt in den Traditionen und Institutionen der Kirche, die er mit aller Kraft verteidigte. Er dachte und sprach in den Bildern seiner Zeit. Der Verfall der Ordnung, in der er aufgewachsen war, beunruhigte, besorgte und ängstigte ihn. Der beobachtbare Verfall der Ordnung schien ihm das Bestehende in den Abgrund zu reißen. Mit allen Mitteln hat er ihn zu verhindern gesucht. Diese Aufgabe duldete keinen Aufschub, sie erforderte seine ganze Kraft und Zeit, er beschrieb sich als einen Mann, der »by candellyght whyle he were halfe a slepe«[3] noch an seinen Schriften zur Verteidigung des Glaubens und der Kirche arbeitete. Für diese selbstgewählte Aufgabe war er bereit, sich zu verzehren.

Zugleich zeigte sich Morus als ein Mensch der beginnenden Neuzeit, der Herkommen und Tradition und die darauf beruhende Politik der Überprüfung durch eine strenge Rationalität unterwarf. So wie die theologischen Schriften Ausdruck seiner vorreformatorischen Verwurzelung waren, so verwies *Utopia* auf eine Phase des Übergangs. Das Ideal des klösterlichen Lebens transformierte er zu einem Staatswesen, das, jeder Emotion enthoben, das Zusammenleben der Menschen zu ihrem Besten regelt. Seine Vorstellungen von tätigem Leben und der Kontemplation waren nur so in einen erzwungenen Einklang zu bringen. Dieser Widerspruch prägte sein politisches Denken.

Die hier vorliegende Einführung berücksichtigt die Biographie Morus' in vielfacher Weise: in Form einer kurzen Einführung in sein Leben und Werk und als Hintergrund für die Interpretation seiner Werke. Texte der politischen Theorie müssen freilich aus sich selbst wirken, die Biographie ihres Autors sollte bei ihrer Rekonstruktion und Interpretation keine Rolle spielen – die Ausnahme zu dieser Regel mag Morus sein. Sein Leben und Werk sind aufs engste miteinander verknüpft. Das eine ist nicht ohne das andere zu denken. Ohne Kenntnis seiner Biographie ist Morus' Denken kaum zu erschließen.

Eine weitere Einschränkung ist vonnöten. Die vorliegende Studie konzentriert sich auf den politischen Denker Morus, der Humanist und Theologe gerät dabei in den Hintergrund. Die notwendigen Beschränkungen, die einer Einführung auferlegt sind, fordern insoweit ihren Tribut. Im Mittelpunkt stehen konsequenterweise Morus' *Utopia*, seine Darstellung des Aufstiegs Richards III. und verwandte, als politisch zu kennzeichnende Schriften. Die Erörterung *Utopias* und der *Geschichte König Richards III.* ist der Versuch, Morus' gesamtes politisches Denken darzustellen. Daß diese Werke nicht im Mittelpunkt seines weit über das Politische hinausgehenden Denkens stehen, versucht die Interpretation zu berücksichtigen. Da *Utopia* ebenso ein literarischer Text wie ein Werk der politischen Theorie ist, begleitet die Erörterung kommentierend den Ablauf der in *Utopia* wiedergegebenen Gespräche. Zugleich versteht sich Morus' Text als eine »Staatslehre«, in der der humanistische Gelehrte versucht, die großen Themen der Politik (Eigentumsordnung, Recht und Strafe, Krieg und Frieden) zu erörtern. Die in *Utopia* über den Text verstreuten Anmerkungen zu diesen Themengebieten werden zusammenfassend behandelt.

Dies hat Konsequenzen für die Gestaltung des Buches. Der vorliegende Band ist eine erste Einführung in das Denken Morus', er läßt vieles unberücksichtigt, was dem Experten wichtig erscheinen mag. Er zeichnet Morus als einen politischen Denker und ordnet andere Bereiche seines Werkes in dieses Denken ein. Der Theologe und Humanist tritt hinter den Politiker zurück, der sich Gedanken über die Ordnung der menschlichen Gesellschaft macht. Dieses Vorgehen vernachlässigt notwendigerweise einige Aspekte der Ideenwelt Morus'. Das ist bedauerlich, aber unvermeidlich. Soweit möglich, versucht diese Einführung dennoch, Morus' humanistische Schriften – seine Epigramme, Briefe und Übersetzungen – sowie seine religiös-kontemplativen und theologisch-polemischen Schriften in die Darstellung und Erläuterung seines Lebens und seines politischen Werkes einzubeziehen.

Auch eine kleine Schrift bedarf der Hilfe vieler Mitarbeiter. Dank gebührt meinen Bonner und Münchner Mitarbeitern – unter letzteren vor allem Christian Jetzlsperger und Marc Schattenmann –, die das Manuskript mit kritischen Augen gelesen haben. Besondere Erwähnung verdient auch Prof. Dr. Peter J. Opitz, München, dessen Hinweise zur Verbesserung des Büchleins beitrugen. Ihnen allen gilt mein aufrichtiger Dank.

1. Lebenssituationen

Herkunft und Erziehung

Herkunft und Erziehung prägen jeden Menschen. Sie formen seine Vorstellungen und Ideenwelt. In einigen Fällen finden sie ihren Ausdruck in literarischer Produktion. In diesen Fällen gehen Biographie und Werk manchmal Hand in Hand. Sie ergänzen und erklären, sie entsprechen einander. So selten dies der Fall sein mag, bei Thomas Morus findet sich eine solche Parallelität von Leben und Werk. Am Anfang einer Darstellung des Denkens Morus' muß daher eine Skizze seines Lebens stehen.

Thomas More wurde am frühen Morgen des 7. Februar 1478 in der City of London geboren.[4] Sein Vater, John More, hatte die Rechte studiert und war während der Regierungszeit Eduards IV. langsam, aber stetig die soziale Leiter nach oben geklettert. Eduard IV. gewährte ihm das Recht, ein Wappen zu führen und bestätigte damit Johns Stellung als Gentleman. Johns Vater William war noch Bäcker von Beruf, und obwohl auch er, nicht zuletzt durch seine Heirat mit Johanna Joye, der Tochter eines Brauers, zu Wohlstand gekommen war, war ihm doch die soziale Anerkennung versagt geblieben, die seinem Sohn zuteil wurde. 1474 heiratete dieser Agnes, die Tochter von Sir Thomas Gramper, der – Anwalt wie er selbst – im Jahre 1503 zum Sheriff von London gewählt wurde. Agnes brachte in schneller Folge sechs Kinder zur Welt, zwei davon starben bereits im Kindesalter. Thomas war der älteste Sohn. Seine Eltern nannten ihn nach Thomas Becket, dem großen Heiligen und Märtyrer, der im gleichen Londoner Viertel zur Welt gekommen war.

Agnes scheint auf Thomas keinen großen Eindruck gemacht zu haben; sie verstarb bereits 1485. In keiner seiner Schriften erwähnt Thomas seine Mutter. Anders hat er wohl seinen Vater gesehen: Ihn verehrte er, viele seiner Gewohnheiten imitierte Thomas; die väterlichen Wünsche hinsichtlich seiner Ausbildung und Berufswahl scheint er stets erfüllt zu haben. Auch dann, wenn sie seinen Vorstellungen zuwiderliefen.

Morus wuchs noch in einer spätmittelalterlichen Stadt auf. Das London des späten 15. und frühen 16. Jahrhunderts formte ihn. Das städtische Leben jener Zeit hatte viele Facetten: Das Spektakel der Hinrichtungen war dabei von besonderer Bedeutung. Hinrichtungen dienten der moralischen Erbauung, sie fanden häufig und unter großer Anteilnahme der Bevölkerung statt. Der Weg des Delinquenten zum Schafott war mit Schaulustigen gesäumt, die dem zum Richtblock Schreitenden Spöttisches oder Ermunterndes zuriefen, ihm von Fall zu Fall Blumen überreichten. Die letzten Worte des Verurteilten wurden ausgerufen; wer tapfer und mit Anstand starb, wurde hochgeschätzt. Die Sühne löschte das Verbrechen, die Ordnung wurde im Akt der Hinrichtung wiederhergestellt und zugleich bestätigt. Thomas sah in seiner Kindheit viele solcher Hinrichtungen.

Das England der frühen Tudor-Zeit war eine Epoche politischer und sozialer Umbrüche. Nur langsam begann das Land sich von den gut dreißigjährigen Konflikten zwischen den Häusern York und Lancaster zu erholen, die als »Rosenkriege« – eine rote beziehungsweise eine weiße Rose waren das Wappensymbol der beiden Familien – in die Annalen der englischen Geschichte eingingen. Morus war sieben Jahre alt, als Heinrich, der Graf von Richmond, aus dem französischen Exil zurückkehrte, erfolgreich gegen König Richard III. aus dem Hause York zu Felde zog und 1485 als Heinrich VII. den englischen Thron bestieg. Die Regierungszeit Heinrichs VII. leitete das

Ende der mittelalterlichen Feudalordnung ein, in der der König die Parlamente zwar nach Belieben einberief und wieder auflöste, von den großen Adelshäusern jedoch nur als Primus inter pares betrachtet wurde. Der Hochadel verlor Stück um Stück an Macht und Einfluß, seine politische Funktion wurde zunehmend von neu geschaffenen, dem König unterstellten Institutionen übernommen.

Jene Zeit der Konsolidierung bereitete die absolutistische Herrschaft der Heinrich nachfolgenden Tudor-Könige vor. Dabei war Heinrichs Herrschaft zunächst keineswegs unangefochten. Zwar waren die großen Adelsfamilien in den Rosenkriegen im wahrsten Sinne des Wortes ausgeblutet, doch das Vorbild Heinrichs vor Augen, machte sich mancher Hoffnungen auf den Thron. Es dauerte daher zwei Jahre, bis er sich seines letzten Konkurrenten entledigt hatte. Die Eheschließung mit Elisabeth von York, der ältesten Tochter Eduards IV., im Jahre 1496 sollte seinen zweifelhaften Thronanspruch festigen.

Heinrich verfolgte in den ersten Regierungsjahren eine umsichtige Politik. Um seine Herrschaft zu sichern und im Bedarfsfall Söldner anwerben zu können, brauchte der König allerdings Geld. Am Ende seiner Regierungszeit litt seine Beliebtheit erheblich unter den hohen Steuern, die er seinem Volk auferlegen mußte. Wiederholt begehrte das Parlament dagegen auf.

In sozialer und wirtschaftlicher Hinsicht ist das frühe 16. Jahrhundert das Zeitalter eines sich langsam entwickelnden Frühkapitalismus. Die englische Bevölkerung begann sich allmählich von der Katastrophe der Pestepidemie zu erholen, die Mitte des 15. Jahrhunderts gewütet hatte. Die großen Städte, allen voran London, wuchsen schnell. Für die Wirtschaft bedeutete diese Bevölkerungsentwicklung eine Erhöhung der Nachfrage; die Währung unterlag jedoch einer kontinuierlichen inflationären

Entwicklung. Diese wurde verstärkt durch staatliche Eingriffe in das Münzwesen, sogenannte Münzverschlechterungen, bei denen Silber- durch Kupferanteile ersetzt wurden; der hieraus resultierende Gewinn floß der Krone zu. Von der Inflation profitierten vor allem die Grundbesitzer und Kaufleute; die Lohnarbeiter in den Städten und auf dem Land waren die Leidtragenden. Der Bevölkerungsdruck führte auch dazu, daß Allmenden und freies Land zunehmend in Privateigentum umgewandelt wurden. Ein Teil der ländlichen Bevölkerung, der selbst nicht über Grundbesitz verfügte, verlor auf diese Weise seine Existenzgrundlage. Zunehmend wurde nun nicht mehr allein für den Eigenbedarf, sondern für den sich entwickelnden Markt produziert. In London entstanden die ersten Handelsgesellschaften, um die mit dem wachsenden Außenhandel verbundenen Risiken zu senken. Diese Entwicklungen brachten tiefgreifende soziale Verwerfungen mit sich. Weite Teile der Bevölkerung lebten in Armut und Not.

Im Alltagsleben waren Krankheit und Tod stetige Begleiter der Menschen der Stadt. London stellte für spätmittelalterliche und frühneuzeitliche Verhältnisse eine große Ansiedlung dar. Viele Menschen lebten auf engstem Raum.[5] Das Leben war schmutzig und ungesund, vor allem, wenn man nicht zu den Privilegierten gehörte. Menschen und Tiere lebten dicht beisammen, der Abfall wurde auf die Straßen geworfen, die medizinische Versorgung war kümmerlich. Immer wieder wurde die Stadt von Seuchen wie der Pest heimgesucht. Besonders hart traf es die Bevölkerung Londons in den Jahren 1479 und 1485. Bei dieser letzten großen Epidemie, die Morus in seiner Kindheit erlebte, starben seine Mutter und zwei seiner Geschwister.

Thomas' Ausbildung begann früh. Er besuchte St. Anthony's in London, eine der besten Lateinschulen des Landes. Im wesentlichen konzentrierte sich die Lehre auf die lateinische

Grammatik, hinzu kamen später Musik und die Lektüre der lateinischen Klassiker, insbesondere Vergils und Ciceros. Morus lernte Latein wie eine zweite Muttersprache; er schrieb und sprach Englisch und Latein gleichermaßen fließend. Die Schule unterforderte ihn eher, als daß sie ihm Schwierigkeiten bereitete. Seine Lektüre ging schnell über das in der Schule Vorgeschriebene hinaus.

Thomas' Begabung war offensichtlich. »Morus' Intelligenz geht über das Menschenmögliche hinaus«[6], beklagte sich später ein Zeitgenosse. Viele der Personen, die im Laufe der Jahre mit Morus zu tun hatten, erwähnten seine Intelligenz und analytische Begabung. Die Analyse schwieriger grammatikalischer Strukturen fiel ihm so leicht wie die Strukturierung von Reden, die er schon als Schüler schreiben und vortragen mußte. Nicht immer stieß seine Begabung jedoch nur auf Bewunderung: Morus' Sarkasmus, sein Überlegenheitsgefühl und der Spott, mit dem er seine Mitmenschen bedachte, riefen auch Ärger hervor.

Morus besuchte St. Anthony's etwa fünf Jahre. Nach Beendigung seiner Schulzeit in London, Morus war jetzt zwölf Jahre alt, trat er als Page in den Haushalt Kardinal John Mortons ein, zu jener Zeit Erzbischof von Canterbury und Lordkanzler Heinrichs VII. Die Aufnahme als Page am Hof des Kardinals bedeutete eine große Auszeichnung. Wie andere Pagen mußte Morus eine Vielzahl von Aufgaben im Haushalt übernehmen, dazu gehörten das Auf- und Abtragen von Speisen sowie die Übernahme zeremonieller Funktionen an hohen Festtagen. In jungen Jahren lebte und lernte Morus so in einem der politischen Zentren des Königreiches. Parallel zu dieser Tätigkeit setzte er auch seine akademische Ausbildung fort. Der Kardinal hatte für die in seinem Palast dienenden Jungen eine eigene Schule eingerichtet.

Im Herbst 1492 kam Morus nach Oxford. Kardinal Morton

hatte ihm ein Stipendium für das Canterbury College verschafft, das von Benediktinern geleitet wurde und als gute Vorbereitung für eine kirchliche Laufbahn galt. Morus' Leben schien vorgezeichnet zu sein. Und Thomas' Sehnsucht galt in der Tat der Religion. Schon in sehr jungen Jahren beschäftigte er sich mit religiösen Fragen. Es spricht einiges dafür, daß er den geistlichen Stand erwählen wollte: Es verlangte ihn nach der Freiheit des Geistlichen, der Freiheit von weltlichen Genüssen und Begierden. Askese war dem jungen Mann ein tiefes Bedürfnis. Innerlich wohl nur widerwillig folgte er später dem Wunsch seines Vaters und studierte Rechtswissenschaften. Einer der Grundkonflikte seines Lebens deutete sich damit früh an.

Gleichzeitig war Morus offenbar in St. Mary's Hall eingeschrieben. Anders als die von Mönchen geleiteten Colleges waren die Halls selbstverwaltet. Dort stand das eigentlich akademische Leben im Vordergrund. Morus studierte, was gemeinhin als »trivium« bezeichnet wurde: Grammatik, Rhetorik und Logik. Aristoteles, Boethius und Cicero lauteten die Namen der Autoren, mit denen sich die Studenten im wesentlichen beschäftigen mußten. Obwohl sich Morus – wie später auch Thomas Hobbes – über den Inhalt der logischen Unterrichtungen lustig machte, blieb er Oxford zeit seines Lebens verbunden.

Gut zwei Jahre verbrachte Morus in Oxford, dann kehrte er auf Wunsch seines Vaters nach London zurück und begann am New Inn seine juristische Schulung. Einen akademischen Grad hatte Morus in Oxford nicht erworben. Vielleicht hätte er es vorgezogen, dort zu bleiben, aber die Ausbildung als Jurist erforderte seine Rückkehr nach London. Das New Inn war eines der Inns of Chancery, einer bereits im frühen Mittelalter entstandenen Vereinigung von Juristen, die sich der Ausbildung annahm. An den Universitäten wurde Recht kaum gelehrt.

Morus erwarb sich große Kenntnisse im Common Law,

erlernte die komplizierte, unter den normannischen Königen eingeführte Rechtssprache (Law French) und wurde nach sechs Jahren als Anwalt zugelassen; nach drei weiteren Jahren durfte er selbständig praktizieren. In den letzten Jahren seiner Ausbildung unterrichtete Morus jüngere Juristen. Zeitweise arbeitete er als Lektor am Furnivall's Inn. Aus dem Studenten war ein Lehrer geworden.

Das klösterliche Ideal

Die Inns und Gerichtshöfe waren wichtige Institutionen Englands. Morus befand sich während seiner juristischen Ausbildung und zu Beginn seiner richterlichen Laufbahn erneut an einer politisch bedeutsamen Einrichtung des Landes. Aber auch jetzt verschrieb er sich dem neuen Arbeitsfeld nicht voll und ganz. Während seiner praktischen juristischen Ausbildung lebte Thomas in einem Londoner Kloster der Kartäuser oder – die Berichte gehen auseinander – in der Nähe des Klosters. Wahrscheinlich hielt er sich an die strengen Regeln des Ordens. Es ist viel über diesen Abschnitt seines Lebens gerätselt und geschrieben worden.[7] Ob er dem Orden beitreten wollte oder nur nach einem festen Rahmen für sein Leben suchte, bleibt unklar. Das klösterliche Leben wurde für Morus jedoch zu einem Modell.

Der Orden der Kartäuser ist 1084 durch Bruno von Köln im schwer zugänglichen Tal von Chartreuse bei Grenoble gegründet worden. Die Ordensregel verbindet die Lebensform des Eremiten mit dem alten klösterlichen Gemeinschaftsideal. Jeder Bruder lebt allein in seiner Zelle. Nur eine mitternächtliche Matutin und eine Vesper bei Anbruch der Dunkelheit führen die in ihren Zellen Arbeitenden und Betenden zusammen. Ein gemeinsames Essen im Refektorium findet ausschließlich an hohen Feiertagen und am Sonntag statt, und nur dann ist eine Unterhaltung gestattet. Die Mönche essen lediglich einmal am Tag, niemals Fleisch; sie fasten an den kirchlich gebotenen Festtagen – dann sind nur Wasser und Brot erlaubt – und tragen ein härenes Büßerhemd. Im ganzen Kloster gilt ein strenges Schweigegebot. In den Anleitungen zur Kontemplation spielt der Tod eine wichtige Rolle.[8]

Morus trat weder dem Orden noch der daran angeschlossenen Laienbruderschaft bei; er übernahm aber wohl, so gut ihm das bei seinen sonstigen Tätigkeiten möglich war, deren Lebensweise, wobei man hinzufügen muß, daß die Kartäuser die strengen Regeln bis zum Zeitalter Morus' etwas gelockert hatten. Trotzdem war der Orden nach wie vor einer der strengsten der Kirche; als einziger war er nie reformiert worden: »Cartusia nunquam reformata, quia nunquam deformata.«

Morus wandte sich nun auch der Theologie zu. In der Kirche des Heiligen Lawrence, errichtet im alten Judenviertel Londons, hielt er noch zu Zeiten seiner juristischen Ausbildung eine Reihe von Vorlesungen über Augustinus' *De Civitate Dei.* Dies war sein erstes Auftreten in der Öffentlichkeit. Die Beschäftigung mit Augustinus kam nicht von ungefähr. Der Kirchenvater wurde von Reformatoren wie von Verteidigern des alten Glaubens zu dieser Zeit wiederentdeckt und mit Eifer gelesen. Augustinus' Auseinandersetzung mit dem Neoplatonismus stieß auf Widerhall bei Morus und seinen Zeitgenossen, die so auch Platon wiederentdeckten. Über seine Vorlesung ist, außer daß sie auf großes Interesse gestoßen sei, nichts bekannt. Doch die Beschäftigung mit Augustinus zeigt die Themen, über die Morus auch weiterhin arbeitete: Das Verhältnis der Kirche zu den Einrichtungen des Staates, Geschichte, die Frage nach der Lebenswelt des Menschen, die göttlich und weltlich bestimmt wird, sowie die letzte Bestimmung des Christen – alles auch Augustinische Topoi – haben Morus von dieser Zeit an sichtlich beschäftigt.[9]

Neben dem Theologen Morus gab es von Anfang an den Humanisten. Morus arbeitete parallel zu seiner Beschäftigung mit Augustinus an der Übersetzung und Bearbeitung von Gianfrancesco Picos Lebensbeschreibung seines Onkels Pico della Mirandola, eines der bedeutendsten Mitglieder der Platonischen Akademie in Florenz, die 1459 von Cosimo de' Medici erneuert worden war. Der berühmte Humanist galt als einer der gebildetsten Philosophen der italienischen Spätrenaissance. Er hatte sich ein nahezu enzyklopädisches Wissen angeeignet, das er 1486 in Form von neunhundert Thesen niederlegte. In einer den Thesen vorangestellten Oratio[10] postulierte er die Würde des Menschen, die diesem aufgrund seines freien Willens zukomme. Einige der Lehrsätze wurden von der Kirche für häretisch erklärt und auf den Index gesetzt. Die *Apologie,* in der Pico seine Lehrsätze zu verteidigen suchte, führte zu seiner Verhaftung. Sechs Jahre lastete der päpstliche Bann auf ihm, alle Thesen wurden verurteilt. In kirchlichem Gewahrsam in Fiesole bei Florenz widmete sich Pico fortan in aller Zurückgezogenheit zunehmend theologischen Studien und erwog, einem religiösen Orden beizutreten. Sein früher Tod, er wurde nur 31 Jahre alt, vereitelte diesen Plan.

In Pico fand Morus ein Beispiel für die gelungene Verbindung von humanistischer Gelehrsamkeit und christlicher Frömmigkeit. Unter dem Titel *Life of John Picus* erschien die Übersetzung der lateinischen *Vita* zusammen mit anderen, kleineren Schriften Picos erstmals 1510. Morus widmete das Buch einer befreundeten Ordensschwester zu Neujahr. Als traditionelles Neujahrsgeschenk steht das Buch in der Tradition christlicher Erbauungsliteratur. Wohl auch deswegen nahm Morus in seiner Übersetzung einige entscheidende Kürzungen und Abweichungen vom lateinischen Original vor: Er legte den Schwerpunkt auf die christliche Bekehrung Picos nach dessen Abkehr von einem heidnischen, ausschweifenden Lebenswandel und gewagten humanistischen Überzeugungen; seine Verfolgung als Häretiker tritt indes in den Hintergrund. Der Einfluß von Picos Leben und Werk ging jedoch weit über den erbaulichen Zweck der Schrift hinaus: Morus sah in dem italienischen Gelehrten ein Vorbild. Die Lebensbeschreibung Picos ist die erste Arbeit, in der Morus das Objekt seiner Studien auf sein eigenes Leben bezieht. Wie fast alle weiteren Schriften Morus', so trug bereits dieses erste Werk autobiographische Züge. Morus' *Life of John Picus* hatte nicht nur großen Einfluß auf die Entwicklung der englischen Biographie, es ist auch ein bedeutsames Zeugnis der stilistischen Meisterschaft Morus' in englischer Prosa.

Der humanistische Gelehrte und »pater familias«

Thomas Morus wurde in diesen Jahren zu einem der großen humanistischen Gelehrten.[11] Schon seine schulische Ausbildung befähigte ihn, die Klassiker im lateinischen Original zu lesen. Schnell lernte er auch das Griechische und begann zu übersetzen und zu kommentieren. Zusammen mit William Grocyn, einem der bedeutendsten Oxforder Humanisten und Morus' Griechischlehrer, und Thomas Linacre, dem späteren Leibarzt Heinrichs VIII., betrieb er gräzistische Studien. In Zusammenarbeit mit William Lily, dem »High Master« der St. Paul's School, übersetzte er Epigramme aus der *Anthologia Planudea* – »Progymnasmata« (Vorübungen) genannt, die das griechische Original und Übersetzungen von Lily und Morus nebeneinanderstellten und dem Leser so die Möglichkeit des Vergleichs eröffneten.

Von besonderer Bedeutung für Morus wurde seine Freundschaft mit John Colet, einem der bedeutendsten Gelehrten Englands. Der um 1466 geborene Sohn einer einflußreichen Londoner Familie hatte in Oxford Mathematik und Philosophie studiert. Nach einer dreijährigen Reise durch Frankreich und Italien wurde er Priester in London und unterrichtete nunmehr selbst in Oxford. 1504 wurde er Dechant von St. Paul's und gründete fünf Jahre später die nachmals berühmte St. Paul's School. Colet strebte danach, die durch scholastische Exegese verschütteten Wurzeln der christlichen Lehre freizulegen und betrieb zu diesem Zweck intensive philologische Studien. Bekannt war er zuvor durch seine Vorlesungen über die Briefe des Apostels Paulus geworden. Er galt als ein Anhänger des Platonismus, verehrte Plotin und den italienischen Neoplatonisten Marsilio Ficino. Vermutlich war er es auch, der Morus zu seiner Beschäftigung mit Pico della Mirandola angeregt hatte.

Morus' wichtigster Gesprächspartner war indes Erasmus von Rotterdam.[12] Mit dem holländischen Humanisten verband ihn eine lebenslange Freundschaft. Beide sahen sie die Notwendigkeit innerkirchlicher Reformen. Sie begeisterten sich für die griechische Sprache und die damit verbundene Möglichkeit, das Evangelium im Original zu lesen. Sie hatten sich persönlich kennengelernt, als Erasmus 1499 einer Einladung Colets nach Oxford gefolgt war. Erasmus war von dem doch etliche Jahre jüngeren englischen Gelehrten von Anfang an tief beeindruckt: »Was hat je die Natur Milderes, Lieblicheres oder Glücklicheres geformt als das Genie des Thomas Morus?«[13] 1505/06 war Erasmus erstmals Gast in Morus' gerade gegründetem eigenem Haushalt. Beide arbeiteten an der Übersetzung einiger Dialoge Lukians. Diese Übersetzungen waren Morus' größter publizistischer Erfolg; noch zu seinen Lebzeiten wurden sie dreizehnmal neu aufgelegt. Erasmus widmete dem Freund sein *Lob der*

Torheit, dessen lateinischer Titel *(Moriae encomium)* eine Anspielung auf Morus' Namen enthält.[14] In einem Brief aus dem Jahr 1519 an Ulrich von Hutten von verlieh Erasmus seiner freundschaftlichen Bewunderung Ausdruck. Er zeichnete dort ein umfassendes Porträt des Freundes als Gelehrter, Politiker, Christ und Familienvater.[15]

Morus war fest eingebunden in einen Kreis von humanistischen Gelehrten – zumeist waren diese wie die Genannten ebenfalls Theologen und an einer Reform der Kirche interessiert. Auch auf seinen Reisen pflegte Morus diese Kontakte. Auf dem »Güldenen Feld« in Frankreich, wo er 1520 in diplomatischer Mission weilte, traf er den engen Berater und Begleiter des französischen Königs, Wilhelm Budaeus.[16] In Brügge besuchte er Erasmus, über den er den Niederländer Franz Cranevelt und den spanischen Gelehrten Juan Luis Vives kennenlernte.

Schon 1503 hatte Morus auch eine Reihe englischer Gedichte verfaßt, früheste Zeugnisse seiner literarischen Begabung, darunter *Nine Pageants,* die Beschreibung einer Reihe von Festzugswagen mit allegorischem Aufbau, *Book of Fortune, A Merry Jest* und das zum Tode Elizabeths von York verfaßte Trauergedicht *A Rueful Lamentation.* Er billigte diesen Gedichten keine große Bedeutung zu, sie waren wohl eher als Zeitvertreib gedacht. Schon lange zuvor hatte er damit begonnen, Gedichte und Epigramme in lateinischer Sprache zu schreiben. 240 Epigramme (darunter 76 Übersetzungen aus dem Griechischen) hat Morus insgesamt verfaßt, 1518 erschienen sie in Basel zusammen mit einigen anderen Gedichten.

Um 1513 nahm Morus die Arbeit an einer Geschichte König Richards III. in englischer und lateinischer Sprache auf. Während dieser Zeit reiste er mit einer Handelsdelegation nach Flandern und begann dort mit der Niederschrift der *Utopia,* zunächst mit dem zweiten Buch, der eigentlichen Reiseerzählung.

Ein Jahr später beendete er die Arbeit; Ende 1516 erschien *Utopia* in Löwen.

1522 schrieb er *The Four Last Things*, eine Schrift, die Fragment blieb und erst posthum in den *English Works* (1557) veröffentlicht wurde. Die vier Dinge, die Morus zum Gegenstand seiner Kontemplation machen wollte, sind der Tod, das Jüngste Gericht, Himmel und Hölle. Ausgeführt hat er jedoch lediglich seine Überlegungen zum Tod und den sieben Todsünden. In der Tradition des mittelalterlichen Memento mori warnt Morus in *The Four Last Things* vor dem eitlen Streben nach irdischem Besitztum, Ehre und Macht. Etwa zu jener Zeit stellte er die Arbeit an seiner *Geschichte König Richards III.* ein. Beide Fassungen dieses Textes erschienen erst posthum; die englische in den *English Works,* die lateinische 1565 in den *Opera Omnia.*

Morus' philologische Arbeiten und seine juristische und politische Laufbahn erforderten viel Zeit, darum wollte er früh auch sein privates Leben regeln und den Erfordernissen seiner Karriereplanung unterwerfen. 1505 heiratete er die sechzehnjährige Jane Colt. Noch vor seiner Eheschließung hatte Morus ein Gedicht geschrieben, das seine Anforderungen an eine Ehefrau auflistet: Sie sollte gebildet und klug sein oder zumindest das Potential für eine Bildung besitzen.[17] Jane scheint diese Eigenschaften besessen zu haben. Morus begann also alsbald mit der »Erziehung« seiner jungen Frau. Seine Familie war immer auch Schule ihrer Mitglieder und Morus ihr Erzieher und Lehrer. Der Wohnort der jungen Familie lag im Londoner Stadtteil Bucklersbury. Wann immer er konnte, zog sich Morus dorthin zurück.

Noch im Oktober des Hochzeitsjahres kam die erste Tochter, Margaret, zur Welt. 1506 wurde Elizabeth geboren, schon im folgenden Jahr die dritte Tochter, Cicely. 1509 wurde John geboren. Zwei Jahre später starb seine Frau, vermutlich im Kindbett. Im selben Jahr heiratete er die um sechs Jahre ältere Witwe Alice

Middleton. Morus wollte seinen Kindern eine Mutter und seinem Haushalt eine Verwalterin geben. Obwohl sich Alice seinen »Erziehungsversuchen« zumeist widersetzte, scheint zwischen den Eheleuten doch ein gutes, freundschaftliches Verhältnis bestanden zu haben.

Allen seinen Kindern ermöglichte Morus eine vorzügliche Erziehung – vor allem um Margaret bemühte er sich sehr; sie entwickelte sich zu einer gebildeten Frau, der er auch in den dunklen Stunden seines Lebens sein Vertrauen schenkte. Im Juli des Jahres 1520 ehelichte Margaret Morus' späteren Biographen William Roper. Im September 1525 heirateten seine Töchter Elizabeth und Cicely, vier Jahre später nahm sein Sohn Anna Cresacre zur Frau, die als Morus' Mündel in seinem Haus aufgewachsen war.

Der Politiker

Morus war nicht nur Gelehrter, er war auch ein Mann des öffentlichen Lebens. Seine politische Laufbahn verlief auf verschiedenen Ebenen. Er war Richter, Under-Sheriff und Vertreter der Stadt London, Abgeordneter des Parlaments und schließlich Berater und hoher Würdenträger der Krone. Morus' politische Karriere begann im Parlament, zunehmend wurde er jedoch zu einem Mann der Exekutive.

Bereits 1504 wurde Morus Parlamentsmitglied und trat sogleich in das Rampenlicht der Öffentlichkeit; seine Bildung und sein rhetorisches Geschick erregten Aufmerksamkeit. Er vertrat die Interessen des Parlaments konsequent und zog den Unmut Heinrichs VII. auf sich, als er gegen dessen Geldforderungen opponierte. Dem jungen Gelehrten wurde eine große politische Karriere vorhergesagt.

Solange Heinrich VII. regierte, blieb Morus dem Hofe fern. Wie viele seiner Zeitgenossen setzte er große Erwartungen in Heinrich VIII., der seinem Vater, kaum achtzehnjährig, 1509 auf den Thron folgte. Der junge König hatte eine umfassende Ausbildung erhalten und schien alle ritterlichen und humanistischen Tugenden in seiner Person zu vereinen. Morus hatte allen Anlaß zur Hoffnung, daß er und andere Humanisten mit ihren Vorstellungen Gehör finden würden. Doch Heinrich interessierte sich zunächst wenig für Fragen der inneren Politik. Seine Vorlieben galten der Jagd und den Künsten. Darüber hinaus strebte er nach Ruhm, den er im Krieg erwerben wollte: Seine ersten Ziele lagen in Frankreich und Schottland. Seinem Berater und späteren Lordkanzler Thomas Wolsey ließ er freie Hand zu einer harten Steuerpolitik, die seine außenpolitischen Absichten absichern sollte.

1510 wurde Thomas Morus Mitglied des ersten von Heinrich VIII. einberufenen Parlaments, zugleich übernahm er in London wichtige Ämter: Im Dezember dieses Jahres wurde er zum Under-Sheriff ernannt, daneben wirkte er als Rektor am Lincoln's Inn. Die schnellen beruflichen Erfolge und das Ansehen, das sich Morus bereits erworben hatte, führten schließlich zu seiner Berufung an den Hof.

Für eine Laufbahn im Dienste des Königs war er bestens vorbereitet. Zwar betonte er in Briefen und Selbstzeugnissen immer wieder, daß er nur ungern die Politik zu seinem Lebensinhalt gewählt habe; man wird diesen Aussagen aber wohl keinen allzu großen Glauben schenken dürfen. Morus war ehrgeizig, und er wollte den »cursus honorum« bis zu dem höchsten ihm erreichbaren Amt durchlaufen. Dabei vertrat er die ihm übertragenen Aufgaben stets mit großem Engagement, er galt als unbestechlich und gerecht. Erasmus bezeichnete ihn mit einem berühmten Wort als Mann »omnium horarum«[18], zumeist als »Mann für jede

Jahreszeit« übersetzt.[19] Der Ausdruck ist offensichtlich als Lob gemeint, hat aber einen ambivalenten Charakter.[20] Morus hielt, um die Metapher aufzugreifen, nicht nur jedem Wetter stand, er war – man kann Erasmus auch so lesen – jemand, der sich vielen Situationen anpassen konnte. Zudem war er vorsichtig, enthüllte selten seine Ansichten sofort. Er war durch und durch Jurist und Politiker. Erasmus hat mit seinem Bonmot in unnachahmlicher Art den Kern des Wesens von Morus getroffen: Als guter Jurist konnte er sich in viele Rollen eindenken und wirkte auf seine Umgebung doch stets glaubhaft. Nach Eindeutigkeit hat er sich vermutlich dennoch gesehnt. Morus' Anpassungsfähigkeit und Vorsicht förderten allerdings seine Karriere.

Diese ging auch weiterhin schnell voran. Im August 1517 wurde er Mitglied des königlichen Rates, und zwischen 1518 und 1521 war er Richter am Court of Requests. Der Court of Requests tagte am jeweiligen Aufenthaltsort des Hofes, Morus befand sich also zumeist in unmittelbarer Nähe des Königs. Das Amt des Under-Sheriffs von London mußte er abgeben, um Konflikte zwischen den Obliegenheiten der beiden Ämter zu vermeiden. 1518 begann Morus seine Arbeit als königlicher Sekretär. Heinrich VIII. betraute ihn mit Vermittlungs- und Botendiensten zwischen ihm und dem Lordkanzler Kardinal Thomas Wolsey. Sowohl der mächtige Kardinal als auch der König schätzten den brillanten Gelehrten. Der König übertrug ihm zunehmend wichtigere Aufträge. Morus' Auftreten verschaffte ihm einflußreiche Freunde. Zeitgenössische Berichte loben sein gewinnendes Wesen und die Leichtigkeit, mit der er mit den mächtigsten Männern des Königreichs verkehrte.

Die an ihn gestellten Aufgaben wurden mit Fortschreiten seiner Karriere schwieriger. Dazu gehörten vor allem diplomatische Missionen. Schon früher hatte Morus an solchen teilgenommen, unter anderem auch an jener Handelsmission im Jahre 1515 nach

Flandern, wo er mit der Niederschrift *Utopias* begonnen hatte. Nun ging es um wichtigere Dinge. 1520 begleitete er den König zu einem Treffen mit Kaiser Karl V. in Canterbury. Im Juni desselben Jahres assistierte er dem König bei einer Zusammenkunft mit Franz I. und Karl V. auf dem sogenannten »Güldenen Feld« zwischen Calais und Bologne.

Im Mai 1521 wurde Morus Sub-Treasurer, gleichzeitig erhob ihn der König in den Ritterstand. Morus übernahm nun die wesentliche Verantwortung für die Finanzpolitik des Königs. Weitere diplomatische Missionen und ehrenvolle Aufträge folgten. Anläßlich des Besuchs von Karl V. in London hielt er die offizielle Begrüßungsrede. Im folgenden Jahr wurde er zum Sprecher des Unterhauses gewählt. Damit wechselte Morus erneut die Seiten. Wolsey hatte auch bald Grund, sich über den neuen Sprecher zu beklagen. Mit gewohnter Konsequenz und rhetorischer Schärfe vertrat er nun die Sache des Parlaments.

Parallel zur Ausübung seiner politischen Ämter begann Morus, immer mehr theologische und vor allem religiös-politische Arbeiten zu veröffentlichen. Seine schriftstellerische Tätigkeit – soweit sie diese Art von Schriften betrifft – war durchaus Teil seines politischen Engagements. Die Schriften, seine Reden und die konkrete Führung seiner jeweiligen Ämter ergänzten einander. Die erste große Streitschrift, mit der Morus in die Debatte um die Reform der Kirche eingriff, war die *Responsio ad Lutherum* von 1523. Vorausgegangen war bereits ein längerer Schlagabtausch: Martin Luther hatte 1520 seine Polemik *De captivitate Babylonia ecclesiae (Von der babylonischen Gefangenschaft der Kirche*[21]*)* veröffentlicht, in der er die scholastische Sakramentenlehre und das mittelalterliche Kirchenrecht scharf attackierte. Er forderte dazu auf, die Kirche aus der Gefangenschaft Roms zu befreien – die Spaltung der Christenheit kündigte sich an. Heinrich VIII. hat im Jahr darauf mit der Veröffentlichung einer weitgehend eigenhändig verfaßten Schrift, der *Assertio septem Sacramentorum (Verteidigung der sieben Sakramente)*, geantwortet, in der er die päpstliche Suprematie betonte und ausführlich begründete (die er, Ironie der Geschichte, nachmals vehement bestreiten sollte). 1522 schlug Luther mit seiner Polemik *Contra Henricum Regem Angliae (Gegen Heinrich, König von England)* zurück. Sein Ton war jedoch so unflätig, daß es unter der Würde des Königs gewesen wäre, selbst zu antworten. Daher gab Heinrich zwei Kontroversschriften in Auftrag.

John Fisher, der Bischof von Rochester, arbeitete im Auftrag des Königs bereits an einem umfangreichen theologischen Traktat. Morus argumentierte anders als dieser: Er brachte die genannte Streitschrift zu Papier, eine wüste Polemik, die der des jungen Luther in nichts nachstand. Luther hatte die gesamte kirchliche Ordnung angegriffen. Und er hatte Heinrich VIII. aufs übelste beschimpft. Morus sollte nun ebenso harsch zurückschlagen. Kein leichtes Unterfangen für einen gefeierten Literaten und Humanisten. Es gelang: In seinen Diatriben ist nichts zu finden von den literarischen und ironischen Spielereien des Autors von *Utopia.* Morus überhäuft den deutschen Mönch mit den schlimmsten Schimpfwörtern – vornehmlich aus dem skatologischen Bereich (»cacodemon« – »Scheißteufel«, um nur eines der harmloseren zu nennen). Allerdings läßt er an seiner Statt eine Figur mit Namen William Ross sprechen, die wie ein Anwalt vor Gericht Satz um Satz die Argumente Luthers und Heinrichs Gegenargumente diskutiert. Dieser Morus der politisch-theologischen Pamphlete will so gar nicht in das Bild des Heiligen Thomas passen.

Seiner Karriere tat diese Schrift keinen Abbruch, im Gegenteil: Zusätzlich zu seinen politischen Ämtern übernahm Morus Aufgaben in der akademischen Verwaltung. 1524 wurde er zum High Steward der Universität Oxford ernannt. Auch in finanziellen Dingen hatte er Erfolg, schon bald konnte er in Chelsea ein Anwesen erwerben.

Für seine Verdienste um das Königreich wurde Morus 1525 zudem mit verschiedenen Gütern belehnt. Im August nahm er an Friedensverhandlungen in Frankreich teil und war Unterzeichner des Treaty of the Moore, in dem sich Franzosen, Engländer und Papst Clemens VII. gegen Kaiser Karl V. verbündeten. Im September wurde Morus Kanzler des Herzogtums Lancaster und übernahm damit wieder richterliche Aufgaben. Im November desselben Jahres wurde er auch zum Steward der Universität Cambridge ernannt.

1526 erfolgte Morus' Berufung zum Richter an eines der höchsten königlichen Gerichte, die Star Chamber. Sein Ruhm hatte sich mittlerweile über Europa verbreitet. Hans Holbein, später Hofmaler Heinrichs VIII., war in Morus' Haus zu Gast und zeichnete Porträts der Familie und der Familienmitglieder. Im folgenden Jahr nahm Morus erneut an Friedensverhandlungen in Frankreich teil und begleitete Wolsey nach Calais und Amiens. Am 18. August wurde ein Friedensvertrag zwischen Heinrich VIII. und Franz I. unterzeichnet, an dessen Vorbereitung Morus ebenfalls beteiligt war. Der König suchte seinen Rat nun auch in anderen Fragen. Nach seiner Rückkehr nach England wurde Morus erstmals gebeten, sich zu den Scheidungsabsichten Heinrichs VIII. zu äußern. Heinrich wollte einen männlichen Thronfolger – von den Kindern aus seiner Ehe mit Katharina von Aragon, der Witwe seines Bruders, die er 1509 geheiratet hatte, hatte nur eine Tochter überlebt. Morus vermied eine klare Stellungnahme.

Im darauffolgenden Jahr wurde er vom Londoner Bischof Cuthbert Tunstall gebeten, den katholischen Glauben gegen reformistisches Gedankengut zu verteidigen. Zu diesem Zweck wurde ihm die offizielle Genehmigung erteilt, verbotene häretische Schriften zu lesen. Sofort nahm er sich dieser Aufgabe an: Im Juni 1529 erschien sein *Dialogue concerning Heresies.*

Zusammen mit Tunstall wahrte Morus die Interessen Englands beim Friedensschluß von Cambrai, mit dem der zweite Italienkrieg zwischen Franz I. und Kaiser Karl V. ein Ende fand. Die Diplomatie war noch immer Morus' Hauptaufgabe. Zuvor noch hatte Wolsey versucht, Morus – der ihm lästig geworden war – als Gesandten nach Spanien zu schicken. Doch nachdem Wolsey in Ungnade gefallen war, zurücktreten mußte und alsbald starb, wurde Morus noch am 26. Oktober desselben Jahres Lordkanzler. Am 3. November eröffnete er das nachmalige Reformation Parliament. Er hatte den Höhepunkt seiner politischen Laufbahn erreicht.

Die politischen Rahmenbedingungen hatten sich mittlerweile in wesentlichen Punkten verändert: In seinen frühen Regierungsjahren spielte Heinrich VIII. wohl mit dem Gedanken, den Kaiserthron des Heiligen Römischen Reiches zu besteigen. 1519 setzte sich jedoch der Habsburger Karl (V.) durch. Die Unterzeichnung des Friedensvertrags von Cambrai, den Frankreich und Spanien 1529 ohne Beteiligung Englands schlossen, führte Heinrich erneut vor Augen, daß sein Land letztlich nur eine Randmacht ohne große Bedeutung für die europäische Politik war. Diese außenpolitische Niederlage und das »Versagen« bei der Verwirklichung von Heinrichs Scheidungsabsichten, die seit 1527 an Bedeutung gewannen, waren es, die 1529 zu Wolseys Sturz führten. Der große Einfluß des Kaisers in Italien hielt den Papst davon ab, die Scheidung Heinrichs von Katharina von Aragon, einer Tante Karls V., zu genehmigen. Hatte Heinrich Luther zuvor bekämpft und die Suprematie des Papstes aufs eifrigste verteidigt, so erkannte er nunmehr, daß ihn mit den Vertretern der neuen Lehre ein fundamentales Interesse einte: die Infragestellung der päpstlichen Vorherrschaft. Der neue Erzbischof von Canterbury, Thomas Cramner, und Thomas Cromwell, der frühere Sekretär Wolseys, gewannen an Einfluß und prägten Heinrichs Politik in zunehmendem Maße.

Dieser verfolgte seine Scheidungsabsichten mittlerweile ganz offen. Er hatte seine Ehe mit Katharina von Aragon für ungültig erklären lassen und (zunächst heimlich) Anne Boleyn geheiratet. Die daraufhin ausbrechenden heftigen Auseinandersetzungen zwischen Klerus und König konnte Heinrich alsbald für sich entscheiden. 1531 unterwarf sich der englische Klerus der Oberherrschaft des Königs mit der Einschränkung »soweit es das Gesetz Gottes erlaubt«. Morus war zu dieser Zeit als Publizist heftig in die religiösen Auseinandersetzungen in England verwickelt; publizistisch und – so weit ihm dies möglich war – administrativ und strafrechtlich ging er gegen Häretiker vor, vermied es jedoch, zum Verhalten des Königs in kirchenpolitischen Fragen Stellung zu nehmen. Das langsame Vordringen reformatorischen Gedankenguts nach England betraf zunächst lediglich Gelehrtenkreise. In Oxford und Cambridge hatten sich Zirkel, wie die White Taverne, gebildet, die reformatorische Ideen diskutierten und verbreiteten. Zuerst begnügte sich die Autorität damit, die Häretiker von London fernzuhalten. Doch bald wurde die Vorgehensweise härter: Thomas Bilney aus Cambridge, der in London für den Lutherismus predigte, wurde gezwungen abzuschwören und blieb fast ein Jahr in Haft. Nur wenige Monate nach seinem Prozeß wurde eine Aktion gegen verdächtige Häretiker angeordnet, an der Morus maßgeblich beteiligt war: In Oxford wurden geheime Verhöre, Hausdurchsuchungen und Verhaftungen durchgeführt. Vorerst blieb es bei diesen Maßnahmen; um 1528 hatte die Verbreitung des Protestantismus noch nicht auf das Volk übergegriffen, das wie in früheren Jahren mit der schlechten Ernte und Seuchen kämpfte.

Morus blieb publizistisch tätig. Im Mai 1531 erschien die

zweite Auflage des *Dialogue concerning Heresies*, ein Jahr später der erste Teil der *Confutation of Tyndale's Answer.* Dies sind, neben der *Responsio ad Lutherum*, die beiden wichtigsten religiösen Streitschriften Morus'. In seinem als offener Dialog mit einem Anhänger der Reformation gestalteten *Dialogue* stellte Morus die Häresie als eine Krankheit dar, die die mittelalterliche christliche Ordnung befallen hatte. Insbesondere wandte er sich gegen die erste englische Bibelübersetzung von William Tyndale, die 1525 in Köln veröffentlicht und von dort aus nach England geschmuggelt worden war. Tyndales Übersetzung des Neuen Testaments galt als stark von Luther beeinflußt und häretisch. Noch im selben Jahr beantwortete Tyndale die gegen ihn erhobenen Vorwürfe. Auf *Tyndales Answer unto Sir Thomas More's Dialogue* reagierte Morus mit dem ersten Teil seiner zweiteiligen *Confutation*, die wie in einem öffentlichen Zwiegespräch Punkt für Punkt das ganze Spektrum der von Tyndale aufgeworfenen umstrittenen Glaubensfragen der Reformationszeit diskutiert.

Doch nicht nur als Publizist ging Morus gegen die Häretiker vor. In seiner Eigenschaft als Lordkanzler erließ er 1529 eine Proklamation gegen den Besitz und die Verbreitung häretischer Bücher. Bei der ersten Hinrichtung eines Häretikers auf dem Scheiterhaufen im selben Jahr war er noch nicht beteiligt, offenbar billigte er aber diese Maßnahme. Er begann, bei der Ketzerverfolgung eng mit dem Klerus zusammenzuarbeiten, und errichtete zusammen mit dem neuen Londoner Bischof John Stokesley ein dichtes Informantennetz. 1530 kam es im Gefolge einer weiteren Proklamation zu einer größeren Verhaftungswelle unter den Besitzern häretischer Schriften. In den letzten beiden Jahren seiner Amtszeit brannten die Scheiterhaufen. Morus war zum vehementen Verteidiger kirchlicher Orthodoxie geworden.

Im Mai 1532 erfolgte die endgültige und nunmehr vorbehaltslose Unterwerfung des Klerus unter Heinrichs Herrschaft. Tags darauf trat Morus von seinem Amt als Lordkanzler zurück. Die damit verbundene Gefährdung seines Lebens war ihm wohl bewußt. Er verfaßte seine Grabinschrift und schickte sie an Erasmus. Die ihm vom Klerus angebotene Geldsumme für seine Bemühungen um die Verteidigung des Glaubens lehnte er ab. Seine Laufbahn hatte ein jähes Ende gefunden. Morus distanzierte sich vom Hof und weigerte sich, an der Krönungszeremonie Anne Boleyns teilzunehmen. Nach wie vor vermied er jedoch offene Kritik.

Gleichwohl setzte er seine publizistische Tätigkeit fort. 1533 erschienen neben dem zweiten Teil der *Confutation* zwei weitere Schriften, mit denen Morus zum Verhältnis von Staat und Kirche Stellung bezog. Mit seiner *Apology* reagierte er auf einen 1532 erschienenen juristischen Traktat aus dem Umfeld der königlichen Berater, in dem die Überlegenheit des Common Law über das kanonische Recht behauptet, die Häresieprozesse der Kirche kritisiert und die Reform der geistlichen Gerichte gefordert wurden. Der Verfasser dieser Schrift, der Rechtsgelehrte Christopher St. German, war Morus bekannt. Da die Schrift jedoch anonym veröffentlicht worden war, konnte er ohne Rücksicht auf den König und dessen engen Vertrauten Thomas Cromwell gegen St. Germans Forderungen polemisieren. Dieser reagierte mit dem wiederum anonym publizierten Traktat *Salem and Bizance*, den Morus gleichfalls nicht unbeantwortet lassen konnte: In *Debellation of Salem and Bizance* verteidigt er die geistlichen Gerichte gegen den Vorwurf St. Germans, diese würden die Häresie eher schüren, anstatt sie einzudämmen. Den Anhängern der Reformation, namentlich Thomas Cromwell, wurde Morus zunehmend unbequem. Es ist ungewiß, ob Cromwell, der seit 1530 im Dienste Heinrichs stand und bald zu seinem engsten Berater wurde, tatsächlich die treibende Kraft war, die Heinrich zur Verwirklichung seiner politischen und finanziellen Ziele die Abspaltung von Rom nahegelegte, oder lediglich sein dienstbares Werkzeug. Sein Aufstieg verlief parallel zu Morus' Abstieg. Noch 1534 wurde Cromwell königlicher Sekretär und Großarchivar (Master of the Rolls). 1536 begann er mit der Auflösung der Klöster und dem Einzug der Kirchengüter, mit denen Heinrich seinen desolaten Staatshaushalt zu sanieren hoffte.

Haft und Tod

Zu Fragen der Ehe- und Nachfolgepolitik Heinrichs äußerte sich Morus auch weiterhin nicht. Gerade von ihm – den der König als Freund bezeichnet hatte – erwartete man jedoch intellektuelle Schützenhilfe. Der Hof war daher über das Schweigen des berühmten Gelehrten verärgert und begann aktiv zu werden. Der Fall Morus' nahm seinen Anfang. 1534 war mit *An answer to a poisoned Book named The Supper of the Lord* seine letzte religiös-politische Polemik erschienen. Morus wandte sich darin primär gegen die anonym publizierte Schrift *The Supper of the Lord*, in der die Bedeutung der Eucharistie aus der Sicht Zwinglis dargelegt wurde. Erneut stritt er hier leidenschaftlich für die Einheit der katholischen Kirche. Die Reaktion blieb nicht aus: Es wurde ihm unterstellt, sich mit seiner *Answer* gegen das vom königlichen Rat herausgegebene *Book of IX Articles* gewandt zu haben, das den politischen Vorrang des Königs gegenüber dem Papst verteidigte. Zudem wurde Morus in den Hochverratsprozeß um die »Nonne von Kent« verwickelt, ein geistig verwirrtes Mädchen, das in einen Konvent eingetreten war und dessen Prophezeiungen dem König und England Unheil androhten, sollte er nicht von seinen Heiratsplänen absehen. Morus hatte sich mit der Nonne getroffen und ihr einen Brief geschrieben. Nun wurde ihm vorgeworfen, ihre Kritik am König zu teilen. Gegen diese falschen Anschuldigungen – Morus war in seinen Briefen und Gesprächen sehr vorsichtig gewesen – verteidigte er sich in Eingaben an den König und Thomas Cromwell, der Heinrichs Religionspolitik immer maßgeblicher mitbestimmte. Vorübergehend wurde Morus entlastet und wieder von der Liste der Angeklagten gestrichen.

Im April wurde er erneut zum Erzbischof von Canterbury zitiert. Dort sollte er den Eid auf das Nachfolgegesetz schwören, das die Thronfolge regelte. Morus war zwar bereit, auf die Nachfolgeregelung zu schwören, verweigerte aber die Anerkennung der Herrschaft des Königs über den Klerus. Damit stellte er sich offen gegen die Krone. Infolgedessen wurde er im Tower inhaftiert. Im November wurde das Gesetz, das den König zum Oberhaupt der Kirche machte, beschlossen. Nachträglich wurden Parlamentsbeschlüsse zur Legalisierung der bislang widerrechtlich verfügten Haft von Morus und Bischof John Fisher erlassen. Letzterer hatte sich zum heftigsten Gegner des Königs entwickelt. Unnachgiebig prangerte er das Verhalten Heinrichs in seinen Predigten und Schriften an. Gegen ihn ging der König daher schnell und mit weniger Rücksichtnahme als gegen Morus vor.

Auch im Gefängnis blieb Morus als Schriftsteller tätig. In den Jahren 1534 und 1535 schrieb er *Treatise on the Passion* (möglicherweise auch schon früher entstanden) und *Treatise to receive the Blessed Body, Dialogue of Comfort against Tribulation (Dialog vom Trost im Leid)* und *De Tristitia Christi.* Der *Dialogue* ist eine Arbeit in der Tradition der mittelalterlichen Trostbücher. Im Mittelpunkt steht die Angst vor körperlichem Schmerz und Tod. Morus suchte schreibend Trost im Glauben. Er hob seine eigene Bedrängnis in Form einer Allegorie auf eine allgemeine

Ebene. Das Ganze präsentiert sich als ein Dialog zweier Ungarn über das Vorrücken des türkischen Herrschers Suleiman in Westeuropa, der den christlichen Glauben bedroht – gerade so wie Heinrich und die Reformatoren den christlichen Glauben in England in Gefahr bringen. *De Tristitia Christi* ist, von einigen Briefen abgesehen, vermutlich Morus' letzte Schrift. Morus betreibt darin Bibelexegese und meditiert über die letzten Stunden Christi vor der Passion und die Angst des Märtyrers. Neben diese religiösen Traktate traten zahlreiche Gebete und Betrachtungen. Der ehemalige Lordkanzler bereitete sich auf den Tod vor.

Sein Sturz beschleunigte sich. 1535 wurden Morus' Lehnsgüter eingezogen. Im April begannen die Verhöre, die bis Juni fortgesetzt wurden. Morus weigerte sich weiterhin, zum Suprematieanspruch des Königs Stellung zu nehmen. Solange er schwieg – so sein Kalkül –, war er sicher. Im Mai wurde er mit seiner Tochter Zeuge, wie man Kartäusermönche, die Heinrichs Suprematieanspruch geleugnet hatten, zur Hinrichtung aus dem Tower holte. Einige Tage später folgte ihnen John Fisher aufs Schafott. Der Bischof von Rochester hatte bereits 1529 den Zorn des Königs auf sich gezogen, als er Katharina von Aragon verteidigte, diese Verteidigung veröffentlichte und in London zugunsten der Königin predigte. Als man Fisher in den Tower gebracht hatte, war er bereits weit über sechzig und ein schwerkranker Mann. Papst Paul III. hatte gehofft, Fisher dadurch zu schützen, daß er ihn am 20. Mai 1535 zum Kardinal erhob, doch der König sah in diesem Akt allenfalls einen weiteren Verrat und beschleunigte das Hochverratsverfahren.

Aufgrund einer Aussage des Kronanwalts Richard Richs, der in einer Reihe von Verhören versucht hatte, Morus zu überführen, wurde der ehemalige Kanzler schließlich zum Tode verurteilt. Als er nun – vor Gericht – die Ausweglosigkeit seiner Situation erkannte, gab er seine bisherige Zurückhaltung auf:

»Da Ihr nun einmal entschlossen seid, mich zu verurteilen (Gott weiß wie), werde ich Euch, um mir das Gewissen zu erleichtern, offen und frei meine Meinung zu meiner Anklage und auch zu Eurem Urteilsspruch kundtun. Diese Anklage, meine Lords, gründet sich nämlich auf einen Parlamentsbeschluß, der in unmittelbarem Widerspruch zu den Gesetzen Gottes und der Heiligen Kirche steht; die oberste Herrschaft über diese oder irgendeinen Teil von ihr kann sich jedoch kein weltlicher Fürst durch irgendein Gesetz anmaßen, da die geistliche Oberherrschaft rechtmäßig dem Heiligen Stuhl in Rom zusteht, da diese aus dem Munde unseres Erlösers selbst, als er auf Erden wandelte, nur dem Hl. Petrus und seinen Nachfolgern, den Bischöfen des nämlichen Stuhls, durch eine ausschließliche Prärogative zugesprochen wurde; ein unter Christen geltendes Gesetz ist daher unzureichend, um irgendeinen Christen anzuklagen. Dieses Königreich, das nur ein Mitglied und ein kleiner Teil der Kirche ist, darf kein besonderes Gesetz erlassen, das mit den allgemeinen Gesetzen der universellen katholischen Kirche Christi unvereinbar ist. Ebensowenig wie die Stadt London, die im Verhältnis zum ganzen Reich nur ein kleiner Teil ist, ein Gesetz gegen einen Parlamentsbeschluß machen darf, der das ganze Reich binden könnte, gerade sowenig darf dieses Königreich England dem Heiligen Stuhl in Rom den Gehorsam verweigern, wie ein Kind seinem eigenen leiblichen Vater den Gehorsam verweigern darf.«[22]

Thomas Morus hatte damit in gewisser Weise sein eigenes Todesurteil gesprochen. Obwohl sich seine Freunde für ihn einsetzten und auch einige Kreise des Hofes sich darum bemühten, ihm – durch eine wie auch immer geartete Erklärung – eine Möglichkeit zu geben, dem Tod zu entgehen, lehnte er nun jeden Kompromiß ab.

Seine Tochter Margaret berichtet in einem Brief an ihre Halbschwester Alice Alington über Morus' Begründung seines Verhaltens sowie über seine Einstellung zum Tod. Es spricht vieles dafür, daß dieser Brief von Morus selbst verfaßt wurde; hatte er doch oft fremde Autorschaft vorgetäuscht, wenn er seine eigenen Ansichten vorbringen wollte. Spätere Kommentatoren haben diesen Brief mit Platons *Phaedon*[23] oder *Kriton*[24] verglichen. Dort ist vom Sterben Sokrates' die Rede, und in der Tat fallen die Ähnlichkeiten ins Auge: Sokrates weigerte sich zu fliehen, er akzeptierte das Urteil und war seiner Überzeugung nach doch einer höheren Wahrheit verpflichtet, als dieses Urteil sie repräsentierte. Er blieb in der schwierigsten Stunde seines Lebens ruhig und starb mit einer ironischen Bemerkung auf den Lippen.[25] So verhielt sich auch Morus. Dennoch gibt es Unterschiede: Sokrates starb letztlich als ein Skeptiker; er bekannte, nicht zu wissen, was ihn erwartete. Thomas Morus bestätigte in diesem Brief (sei es nun als Autor oder als Gesprächspartner seiner Tochter Margaret) die Gewißheit seines Glaubens. Am Ende seines Lebens hat er im Gefängnis die Askese und Ruhe des Gemüts gefunden, die er immer gesucht hatte. Vielleicht auch eine letzte Gewißheit. Sicherlich hatte er seinen Ehrgeiz und alle Weltlichkeit hinter sich gelassen. Er starb gefaßt und ruhig.

Am 9. Juli 1535 wurde Morus vor neun Uhr morgens auf dem Tower-Hügel enthauptet. Die Hinrichtung mag denen geglichen haben, die der zum Tode Verurteilte seit seiner Kindheit immer wieder gesehen hatte:

»Während der Henker seine Arbeit verrichtet, herrscht im Publikum aufmerksames Schweigen. Gebannt beobachtet es das Schauspiel, die Abschiedsworte des Sünders, das Gebet des Priesters, das Blutwerk des Henkers. Nach dem Aufruhr des Henkers verharrt die Menge in gespannter Ergriffenheit. Sie begutachtet die Vorführung der Gesten, achtet auf meisterliche Ausführung des Reglements. Die Scherze, die Gesänge und Rufe sind verstummt. Alle Blicke wenden sich dem Tode zu. Die Zuschauer erwarten ihn. Je näher er kommt, desto größer die Anspannung, die auf Entladung drängt. In dem Moment, da das Feuer auflodert, da der Henker den Kopf des Verbrechers emporhält, fährt ein Aufschrei durch die Menge. Es ist ein Schrei des Schreckens, der Angst – und der Freiheit.«[26]

Morus begegnete dem Tod ohne Angst und Sorge, er blieb auch in seinen letzten Minuten sarkastisch. Er wollte in der Tat wie Sokrates sterben. Heinrich hatte angeordnet, Morus solle nur kurz sprechen. Der ehemalige Kanzler gehorchte: »Ich bitte Euch, Master Leutnant, geleitet mich sicher hinauf, das Herunterkommen könnt ihr mir selber überlassen«; so sprach Morus den kommandierenden Offizier an, und dem Henker sagte er: »Nimm doch deinen Mut zusammen, Mann, und fürchte dich nicht, deine Pflicht zu tun; mein Hals ist sehr kurz, darum sieh dich um deiner Ehre willen vor, daß du nicht verkehrt schlägst.«[27] Wie es der Tradition entsprach, gab Morus dem Henker ein Goldstück und verzieh ihm. Dann wurde er geköpft.

Am 19. Mai 1935, vierhundert Jahre nach ihrem Tod, wurden Thomas Morus und John Fisher heiliggesprochen.

Morus' Opfer war vergebens, immerhin sollte es aber noch geraume Zeit dauern, bis sich die englische Kirche gänzlich vom Papsttum löste. Nach Heinrichs Tod 1547 wurde England erneut von dynastischen, religiösen und wirtschaftlichen Krisen heimgesucht. Die Regierung des noch unmündigen Eduard VI. trieb die Protestantisierung voran, doch unter seiner Halbschwester Maria I., die bezeichnenderweise mit den Beinamen »die Katholische« und »die Blutige« belegt wurde, setzte sich der Katholizismus erneut als Staatsreligion durch. Erst unter Elisabeth I. verabschiedete das Parlament 1559 schließlich das Suprematsund das Uniformitätsgesetz, mit denen die reformierte, wenngleich nach wie vor weitgehend dem katholischen Ritus verbundene englische Staatskirche durchgesetzt wurde. In Elisabeths fast fünfzigjähriger Regierungszeit fand England zu der Stabilität und zu jener wirtschaftlichen, kulturellen und weltpolitischen Größe, die das Elisabethanische Zeitalter als das Goldene in die Geschichte Englands eingehen ließen.

2. Das politische und religionspolitische Denken Thomas Morus'

Utopia

Geistige und literarische Tradition/Textgeschichte und Quellen

Utopia gehört zu den Texten der politischen Literatur und der Weltliteratur, die jede Zeit und jede politische Strömung für sich neu gelesen und interpretiert hat.

Utopia ist zunächst einmal ein autobiographischer Text, der eine Episode im Leben des Autors zum Anlaß nimmt, ein Morus beschäftigendes Grundproblem, wenn nicht zu lösen, so doch zu diskutieren: den Widerspruch zwischen einem Leben der Kontemplation und der (notwendigen) Vorbereitung auf die nach dem Tode zu erwartende wahre Existenz auf der einen Seite und dem aktiven politischen Leben im Dienst eines Fürsten und um der Wohlfahrt der Mitmenschen willen auf der anderen Seite.

Das Buch ist Teil einer langen Diskussion um die Stellung des gläubigen Christen in der Welt. Anders als die zu seiner Zeit vorherrschende katholische Theologie[28], die die politische Gemeinschaft und den Glauben verbindet, und anders als die mönchischen und anachoretischen (eremitischen) Reformbewegungen, die der Welt entsagen[29], kann sich Morus nicht entscheiden. Aber auch eine Verbindung der beiden Lebensweisen scheint ihm nicht möglich, er erkennt die Unvereinbarkeit der Positionen an.

In *Utopia* läßt er diesen Konflikt Gestalt annehmen. *Thomas Morus*, der Erzähler (als Figur des Textes im folgenden zur Unterscheidung von dem Autor kursiv gesetzt), und Raphael Hythlodäus, sein Gesprächspartner, sind Repräsentanten dieser Vorstellungen, wobei beide in der Repräsentation des Politischen und Apolitischen von dieser Rolle auch abweichen: *Thomas Morus,* indem er in seiner Funktion als Vertreter des politischen Handelns den anthropologischen Pessimismus Raphael Hythlodäus' teilt und eine grundlegende Verbesserung der Menschen für unmöglich erachtet. Eine solche Position schränkt politisches Handeln ein. Raphael Hythlodäus, als der eigenständige und der Welt mit Distanz begegnende Philosoph, indem er die Vervollkommnung der Menschen durch Institutionen und eine gerechte soziale Ordnung für möglich erachtet – hat er dies doch auf der Insel Utopia (die ironische Bedeutung der Fiktion einmal beiseite gelassen) selbst gesehen. An eine Übertragbarkeit dieser Institutionen auf die christlichen Länder Europas glaubt allerdings auch er nicht. Eine solche Position erfordert jedoch – unter den genannten Umständen – politisches Handeln.

Morus trennt die Positionen also, um sie alsbald wieder zu vermischen. Dieser Antagonismus ist das erste Thema des Textes. Es wird dem Leser nicht in dieser prinzipiellen Weise präsentiert, sondern in die konkrete Frage gekleidet, ob ein Mann vom Zuschnitt Raphael Hythlodäus' um seiner selbst, seiner Familie und des Wohlergehens des Landes willen einen Fürsten beraten soll. Es geht also im engeren Sinne um den Wert politischer Beratung. Da Raphael Hythlodäus durch seine Charakterisierung als exemplarischer Philosoph die Philosophie als solche vertritt, wirft dies auch die Frage nach der Aufgabe und Verantwortung des Philosophen auf. Letztlich ist es auch die Frage nach dem Nutzen und der Wirkung einer solchermaßen beratend tätigen Philosophie, denn es ist keineswegs sicher, daß der Rat des Philosophen auch gehört wird.

Morus hat sich im Laufe seines Lebens immer wieder mit diesem Problem beschäftigt. *Utopia* ist daher auch ein Dialog des

Autors mit sich selbst, eine Rechtfertigungsschrift, die der noch nicht ganz vierzig Jahre alte Anwalt, Diplomat und humanistische Gelehrte abfaßte, um sich zu vergewissern, mit seinen Lebensentscheidungen die richtige Wahl getroffen zu haben.

Das zweite Thema von Bedeutung manifestiert sich – mit den (auto-)biographischen Elementen verwoben – in der Frage, ob eine menschliche Gesellschaft in einer idealen, nicht mehr verbesserungsfähigen Weise zu gestalten ist. Für Morus bedeutet eine solche Ordnung die vollständige Herrschaft der Rationalität. Das hat Folgen: Institutionen und menschliches Handeln sind im Hinblick auf ihre Zweckmäßigkeit für die soziale und politische Ordnung zu begründen. Nur ihre Zweckmäßigkeit rechtfertigt ihre Existenz. Morus diskutiert diese Frage im Zusammenhang einer Analyse der institutionellen und rechtlichen Rahmenbedingungen der Gesellschaft, er sucht ihre theoretischen (und religiösen) Voraussetzungen zu ergründen, fragt aber auch nach den Grenzen, die die menschliche Natur einem solchen Unterfangen setzt. Die menschliche Natur ist dem verzweifelt glaubenden Christen Morus ein nicht zu verändernder Rahmen – sie ist sündig und verdorben, wenn auch nicht vollständig schlecht. Eine Vervollkommnung dieser Natur erscheint ihm unerreichbar. Wenn das Genre der Utopie eine grundlegende Veränderung der menschlichen Natur für möglich (und notwendig) erachtet und solch eine Veränderung voraussetzt, so ist *Utopia* keinesfalls eine Utopie.[30] Eine solche Veränderung der menschlichen Natur im diesseitigen Leben ist für Morus nicht vorstellbar. Realisierbar erscheint ihm jedoch ein erzieherisches, durch Institutionen und Recht gefestigtes Korsett, das die menschliche Natur im Zaum hält. Insoweit wäre die menschliche Natur zumindest verbesserungsfähig. *Utopia* diskutiert diese Frage auf eine höchst subtile Art. Die Voraussetzungen für deren Beantwortung werden in einem Gedankenexperiment geklärt.

Es gibt noch ein drittes Thema. Indem die Einrichtungen Utopias – das als eine, wenn auch vielleicht unwahrscheinliche, »Möglichkeit« Englands gezeichnet wird – dargestellt, begründet und in ihren Auswirkungen analysiert werden, wird die Erzählung des Raphael Hythlodäus ein analytisches Korrektiv, um die Wirklichkeit Englands zu verstehen. Und damit wird die Erzählung selbst zu einer Form der Beratung. *Utopia* präsentiert mit Beispielen und Vergleichen eine Reihe politischer Erörterungen, die sich direkt und indirekt immer auf England beziehen: die Kritik an der (sich unter Heinrich VII. gerade festigenden) Tudor-Herrschaft im ersten Buch, die Einrichtungen der von Raphael Hythlodäus geschilderten Völker (die durchaus Bedenkenswertes enthalten) und am Ende der Traum von der über die menschliche Natur triumphierenden Gesellschaft Utopias. Utopia ist ein erträumtes England; die Erzählung beschreibt einen Kreis. Der Leser entfernt sich wie ein Reisender vom England seiner Tage, um über fremde Völker zum idealen, erträumten England (Utopia) zurückzukehren.

Utopia entsteht in einer im Text genau gekennzeichneten Situation: Es ist die Arbeit eines vielbeschäftigten Juristen und Diplomaten, die eigentlich, angesichts der vielen Aufgaben dieses Mannes, verwundert: »Verheiratet, mit der Last der Haushaltssorgen auf sich, in Amt und Stellung, Berge von Prozeßsachen vor sich und von allerlei Staatsgeschäften ganz in Anspruch genommen, muß man sich wundern, daß er noch Muße gefunden hat, über literarische Arbeiten nachzudenken.«[31] Diese bewundernden Zeilen schrieb Erasmus an seinen Freund Johannes Froben. Der holländische Gelehrte traf mit dieser fast beiläufigen Sentenz die zentrale Spannung im Leben seines Freundes. Morus war in der Tat ein Mann der Geschäfte, ein sorgender Familienvater, der Erzieher seiner Kinder und ein aktiver, sicherlich auch ehrgeiziger Politiker. Daneben war er aber auch immer wieder der Gelehrte, der die Einsamkeit der Kontemplation und Zuflucht in der Literatur suchte.

Utopia ist die Frucht dieser Spannung: Die Darstellung der idealen Gesellschaft und politischen Ordnung ist eingebettet in die Frage nach dem Engagement des Gelehrten. Vita activa und Vita contemplativa – eine politische und eine apolitische Haltung – werden in *Utopia* als gegensätzliche Lebensentwürfe vorgeführt, versinnbildlicht in den Auffassungen und Lebensweisen der beiden Gesprächspartner Raphael Hythlodäus und *Thomas Morus*. Die »Identität« der beiden Gesprächspartner in der Person des Autors ist Morus' Versuch, diese Spannung darzustellen. Nur in der Fiktion, in der von Raphael gezeichneten idealen Ordnung der Utopier, läßt sich der Gegensatz wirklich aufheben.

Verdeutlicht werden diese möglichen Lebensentwürfe auch in der Zweiteilung des Buches *Utopia:* Die Kritik am England der Tudor-Zeit im ersten Buch zeigt die Gesprächspartner bei der Erörterung politischer Fragen und präsentiert – in einem erzählten Rückblick – Raphael als einen Berater des englischen Lordkanzlers; die Erörterung der Einrichtungen Utopias im zweiten Buch zeigt den idealen, klösterlich anmutenden Gegenentwurf, der in der Wirklichkeit nicht zu erreichen ist und somit politisches Engagement der Gelehrten in der tatsächlichen Welt unsinnig erscheinen läßt.

Utopia ist jedoch die Arbeit eines solchen politisch tätigen Gelehrten. Morus nennt in einem Gedicht auch gänzlich unbescheiden das Vorbild seiner literarischen Anstrengung: Platons *Politeia*. Er vergleicht Utopia mit der in *Politeia* entworfenen idealen »polis« und damit sein Werk mit dem Platons. Der Staat der Utopier erscheint ihm, auch wenn dieser Vergleich mit einer gewissen Ironie gewürzt ist, sogar den Vorzug zu verdienen: »Utopia nannte man mich in der Antike, weil ich selten besucht war,/ Jetzt wetteifere ich mit Platons Staat und/ Obsiege vielleicht (denn was er nur mit Worten/ Darstellte, das habe ich mit wirklichen Menschen,/ Mit Wohlstand und der besten Verfassung getan)/ Glückliches Land, *Eutopia*, verdiente ich zu heißen.«[32] Ein seltsames Gedicht, da Morus doch schon in der Wahl des Titels sein Utopia in Frage stellte: »Eutopia«, das »Glückliche Land« ist »Utopia«, ein »Nichtort«, ein »Nirgendwo«. Nun soll es Platons Politeia darin übertreffen, daß es nicht wie dieses bloßes Gedankengebäude ist, sondern Beschreibung einer (wenn auch weitab von Europa) vorgefundenen Realität? Die von Morus im Rückgriff auf das Griechische erfundenen Namen belassen den Leser bewußt im unklaren – im Englischen unterscheidet sich selbst die Aussprache von »Utopia« und »Eutopia« nicht.

Utopia steht in Aufbau, Form und Inhalt tatsächlich in der Tradition der *Politeia*. Es geht aber auch darüber hinaus: *Politeia* beginnt mit der Frage nach der Gerechtigkeit, *Utopia* mit der Frage nach Sinn und Zweck des politischen Engagements. Gerechtigkeit, so legt eine Lektüre von *Utopia* nahe, kann erst Folge eines politischen Engagements sein. Vielleicht erscheint Morus seine Analyse der menschlichen Natur und ihrer Möglichkeiten daher »realistischer« als die Platons. Dann müßte man *Utopia* als politischen Traktat (mit vielen Themen) und nicht ausschließlich als Darstellung des idealen Staates lesen – das erste Buch gewänne an Bedeutung. Nicht nur um die Beschreibung der Einrichtungen Utopias geht es, sondern ebenso um Kritik am bestehenden politischen System in England, um die Frage des Engagements des Gelehrten und die Gestaltung des Lebens.

Das Beispiel *Utopias* mag wie dasjenige der *Politeia* den christlichen Staaten Europas als Vorbild dienen. *Utopia* ist ein Versuch der Beratung der zeitgenössischen Herrscher. Der Dialog verdeutlicht dies. Der Einwand, daß die europäischen Staaten älter als jene der gerade neu entdeckten Welt seien und daher über bessere Einrichtungen verfügen müßten, daß also insofern wenig von Utopia zu lernen sei, wird zurückgewiesen: Der Staat Utopia sei in Wirklichkeit älter als die Staaten der Alten Welt, jedoch – dies räumt auch Hythlodäus ein – diesen an Geist unterlegen. Aber die Bereitschaft, das den Utopiern von römischen und ägyptischen Schiffbrüchigen zur Kenntnis gebrachte Wissen aufzunehmen, zeige, daß sie lernbegieriger und fleißiger als die Völker der Alten Welt und – dies unterscheidet sie maßgeblich – also bereit seien, fremden Rat anzunehmen. Das kommt einer Aufforderung Morus' gleich, von den antiken Philosophen und Geschichtsschreibern zu lernen. Die Utopier, die durch Raphael Hythlodäus die Werke der großen griechischen Philosophen, Literaten und Historiker (Laskaris, Plutarch und Lukian; Aristophanes, Homer, Euripides und Sophokles; Thukydides, Herodot und Herodianus) kennenlernen und begierig in ihr Weltbild integrieren, handeln nicht anders als die humanistischen Gelehrten, die das antike Gedankengut wiederentdecken und für die Gegenwart nutzbar machen.

Utopia steht in der Tradition des Altertums, gleichzeitig ist es ein Werk des Humanismus, also des Wiederentdeckens. Es handelt sich aber nicht nur um einen »platonischen«, sondern auch, um damit einen anderen Autor ins Spiel zu bringen, den Morus sich zum Vorbild nimmt, um einen »lukianischen« Dialog. Morus' liebster Schriftsteller war nicht Platon, sondern der Spötter Lukian, dessen Dialoge er bewunderte, übersetzte und nachahmte. Der wohl um 120 n. Chr. geborene Grieche, der lange Jahre das Wanderleben eines Vortragsredners führte, schrieb eine Reihe von satirischen Dialogen, in denen er die wichtigsten Lebensbereiche, aber auch religiöse Fragen einer rationalistischen Betrachtung unterzog. Lukian wandte sich vor allem gegen zeitgenössische Formen des Irr- und Aberglaubens; heftig polemisierte er gegen die Wundergläubigkeit des Volkes und die Lehren selbsternannter Propheten. Morus erweist ihm höchste Reverenz: In *Utopia* berichtet Raphael davon, daß er den Utopiern die wichtigsten Texte der ihnen noch unbekannten griechischen Literatur nahegebracht habe, darunter auch die Dialoge des Lukian.

Morus interpretierte die Dialoge Lukians, um seine eigenen Vorstellungen zu erläutern. In *Cynicus*, so Morus, vertrete Lukian im Grunde christliche Tugenden beziehungsweise Tugenden, die einem Christen zumindest anzuempfehlen wären, etwa Enthaltsamkeit und Mäßigung. Und dies, so Morus weiter, gelte auch für andere Arbeiten Lukians. Die ihm interessant oder wichtig erscheinenden Arbeiten übertrug er ins Lateinische. Nach *Cynicus* übersetzte Morus aus dem gleichen Grund auch Lukians Dialoge *Philopseudes*, *Tyrannicida* und *Menippus oder der Abstieg in den Hades*.[33] Neben *Cynicus* scheint vor allem der letztgenannte Dialog für eine Interpretation von *Utopia* hilfreich zu sein.[34] Dies gilt zunächst einmal für die Form und sodann für die Verknüpfung von darin enthaltenen Ideen mittels dieser Form. In Morus' Übersetzung werden die Philosophie des Titelhelden, die Idee einer idealen Ordnung und der Topos der Reiseerzählung zusammengeführt. Und sämtliche Topoi tauchen auch wieder in *Utopia* auf: Raphael Hythlodäus ist ein Reisender in der Tradition des Menippus von Gadara, jenes kynischen Philosophen[35] aus der ersten Hälfte des 3. Jahrhunderts v. Chr., der einen Bericht über die Reise in die Unterwelt verfaßt hatte und den sich Lukian als Titelheld erwählte. In der Nachfolge von Homer und Aristophanes verfaßte er Reiseerzählungen, deren Helden zu phantastischen Orten, in die Unterwelt oder den Himmel, reisen.

Morus knüpft somit an eine lange literarische Tradition an. Zur Zeit des Menippus ist die Reiseerzählung – und besonders der Abstieg in die Unterwelt – bereits ein fester Topos der griechischen Literatur. Schon in der *Odyssee,* im XI. Gesang, wird von Odysseus' Reise in die Unterwelt berichtet, der den Seher Teiresias befragen und von ihm die Lösung so manchen Rätsels erfahren will. Menippus nimmt darauf Bezug; ihn wiederum zitiert Lukian. Dem Humanisten Morus war diese Tradition wohlbekannt. *Utopia* stellt sich in diese Tradition. Die Bezugnahme auf die Tradition und das Spiel mit einer Vielzahl von Allusionen und Zitaten dient der Ironie. Nicht immer liegt die eigentliche Bedeutung im Gesagten. Die gebildeten Zeitgenossen des Morus erkannten die literarischen Anspielungen, sie konnten wohl auch darüber lachen.

In diesem Zusammenhang müssen Morus' Übersetzungen der Dialoge Lukians gesehen werden. Auf den ersten Blick sollte der Spötter und Skeptiker Lukian einem Autor wie Morus, der sehr religiös war und von dem berichtet wird, er habe sich in der Abgeschiedenheit seiner privaten Kapelle gegeißelt, fernliegen. Was die beiden Autoren verbindet, ist die Ironie der Darstellungsweise, vor allem das Demaskierende dieser Ironie. Lukian attackierte in seinen Dialogen menschliche Schwächen und Eigenschaften. Seine Werke sind »aufklärerisch« und wenden sich gegen religiösen Wahn und Aberglauben. Dies waren auch Anliegen Morus'. Morus schätzte Lukians Ironie. Er selbst pflegte eine ähnliche, seiner Umwelt oft befremdliche Ironie. Scherzhaft sprach er über Ernstes, ernst über Lustiges – Morus relativierte damit seine Äußerungen, ganz wie Lukian. Beiden war auch die praktische Nutzanwendung ihrer Arbeiten wichtig; sie wollten politisch und gesellschaftlich wirken. Morus betonte dieses noch, indem er die Dialoge Lukians übersetzte, deren gesellschaftspolitische Wirkung am deutlichsten war. Die Interpretation Lukians veränderte Morus dabei nach seinen Vorstellungen. Wie schon bei der Übersetzung der Biographie Picos, so ging es Morus nicht um die Genauigkeit der Übertragung, sondern um die Bedeutung des Übertragenen. Die Übersetzungen Lukians bereiteten *Utopia* vor.

Utopia ist ein Meisterwerk der Ironie. Die Bezugnahmen und Anspielungen sind mit Bedacht gewählt. Sie bilden den literarischen Kontext der politischen Analyse. Sie relativieren Argumente oder rücken sie in einen anderen Zusammenhang. Ein Beispiel: Raphaels Nachname bedeutet »einer der Unsinn redet«. Er reiht sich ein in die vielen von Morus mit Hilfe griechischer Wörter erfundenen Namen, die allesamt das Gesagte relativieren. Der Leser weiß nicht immer, woran er ist. Er muß sich auf ein Spiel einlassen, dessen Regeln ihm nur in Bruchstücken bekannt sind. *Utopia* stellt eine Diskussion Morus' mit seinen literarischen Vorbildern dar. Weniger Erasmus, dem Morus sein Buch widmete, oder andere Humanisten seiner Zeit als vielmehr Platon und Lukian sind Morus' Gesprächspartner in *Utopia*.

Schließlich feiert Morus in *Utopia* nicht nur die Wiederentdeckung der klassischen Literatur, sondern auch die Entdeckung der Neuen Welt. Im Zeitalter der großen Entdeckungsfahrten gewann die Reiseerzählung ein gänzlich neues Gewicht: 1507 waren die Berichte des Italieners Amerigo Vespucci über seine vier Reisen nach Südamerika veröffentlicht worden, und manches, was dort über die Völker der Neuen Welt zu lesen war, hat Morus in *Utopia* verarbeitet.[36] Im Zuge dieser Entdeckungsfahrten gewannen die in Anlehnung an den hellenistischen Roman der Spätantike gestalteten phantastischen Reiseerzählungen an Popularität. Die Grenzen zwischen Wirklichkeit und Phantasie wurden fließend.

Utopia weist, wie so mancher Dialog Platons, eine Rahmenhandlung auf. Diese Rahmenhandlung verleiht dem Buch seine Struktur und ordnet die erörterten Themen. Am Beginn steht die von Morus geschilderte Ausgangssituation, der eine tatsächliche Begebenheit im Leben des Autors entspricht.

Im Mai 1515 reiste Thomas Morus als Gesandter nach Brügge, um im Auftrag Heinrichs VIII. handelspolitische Streitigkeiten zwischen dem englischen König und Karl, dem Herzog von Flandern und späteren römischen Kaiser Karl V., beizulegen. In seiner Begleitung befand sich der gerade zum Großarchivar (Master of the Rolls) ernannte Cuthberth Tunstall, der spätere Bischof von London. Die Verhandlungen dauerten insgesamt ein halbes Jahr; für Karl sprachen unter anderem der Präfekt von Brügge und der Probst Georg Temsicius von Cassel. Als die Verhandlungen ins Stocken gerieten, reisten die Vertreter Karls nach Brüssel, um sich Weisung von ihrem Herrscher zu holen. Morus ging für einige Zeit nach Antwerpen, dort besuchte er des öfteren Petrus Aegidius[37], einen Freund, den er aufs höchste schätzte. Dies ist die Ausgangslage.

Nachdem der Leser solchermaßen in die Situation eingeführt ist, beginnt die eigentliche Erzählung. Eines Tages sieht *Morus,* als er nach einem Gottesdienst die Liebfrauenkirche verläßt, seinen Freund im Gespräch mit einem Fremden. Petrus Aegidius stellt ihm den Fremden als den portugiesischen Seefahrer Raphael Hythlodäus vor, einen der Gefährten des Amerigo Vespucci. Mit Amerigo Vespucci unternahm Raphael vier Seereisen, blieb bei der letzten Reise aber zurück und erreichte mit viel Mühe über die Insel Taprobane (Ceylon) den Seehafen Kalikut. Von dort kehrte er nach Portugal zurück. Doch Raphael ist nicht nur Seefahrer. Petrus Aegidius charakterisiert ihn auch als einen Philosophen, dessen Griechisch, da die Philosophie nun einmal in dieser Sprache geschrieben sei, besser sei als sein Latein, der ohne Heimat und Familie lebt, der den Tod nicht fürchtet, bedürfnislos ist und einzig nach Erkenntnis und Wissen strebt. *Morus* freut sich darüber, den Fremden kennenzulernen, »und nach gegenseitiger Begrüßung und Austausch jener Allgemeinplätze, die beim Zusammentreffen zweier Fremder üblich sind, begaben wir uns nach meinem Haus, wo wir uns im Garten auf einer Rasenbank niederließen und zu plaudern anfingen«[38].

Die drei Gesprächspartner beginnen also ihre Unterhaltung. Es ist wohl früher Vormittag. Der erste Teil des Gesprächs dauert bis zum Mittag, er umfaßt den Inhalt des ersten Buches. Nach der Stärkung durch ein Mittagsmahl nehmen die drei Gelehrten dann ihr Gespräch wieder auf und setzen es bis zum Einbruch der Dämmerung fort. Der Tagesrhythmus gibt dem Buch so seine Struktur, der Einbruch der Dämmerung verhindert eine weitergehende Erörterung und damit eine Kritik am Thema des Nachmittags – den Einrichtungen und Sitten der Insel Utopia.

Die Rahmenerzählung ist von großer Bedeutung für das Verständnis des Buches. Sie mutet zunächst recht einfach an, und der Leser, der das Buch des Titels und seines Ruhmes wegen zum ersten Mal zur Hand nimmt, ist verwundert und vielleicht auch ein wenig enttäuscht. Raphael erzählt zwar von seinen Reisen, über die Beschaffenheit der Schiffe, auf denen er fuhr, wie er fremde Seefahrer im Gebrauch von Magneten unterrichtete, von Menschen und von Einrichtungen, mittels deren fremde Völker ihr Leben regeln. Bemerkungen dieser Art sind jedoch kurz und kündigen eher an, als daß sie ausführen und schildern. Bevor *Morus* die Erzählung des Seefahrers über die Einrichtungen der Utopier wiedergibt, die ja auch ihm besonders berichtenswert erscheint, zeichnet er das Gespräch nach, das an jenem denkwürdigen Vormittag im Mai der Erzählung vom Staatswesen Utopias voranging. Und dieses Gespräch ist nicht wirklich Teil der Reiseerzählung, obwohl es auch von einer Reise des Raphael Hythlodäus berichtet. Diese Reise führte ihn vor vielen Jahren nach England, wo er zu Gast bei Kardinal John Morton, dem Erzbischof von Canterbury und Lordkanzler von England, war. Raphael berichtet von einem aufschlußreichen Gespräch an der Tafel des Kardinals. Dieses von Raphael detailgenau wiedergegebene Gespräch steht im Zentrum des ersten Buches der *Utopia*.

Der Aufbau des ersten Buches gewinnt so an Bedeutung. Raphael berichtet von diesem Gespräch, um seine zuvor dargelegte Meinung, daß es dem Philosophen nicht gezieme, sich als Berater in die Politik einzumischen, mit einem Beispiel zu belegen. Das Beispiel ist mit Bedacht gewählt; es verknüpft Morus' Leben – seine Zeit als Page im Haushalt des Kardinals – mit den Argumenten Raphaels.

Der Philosoph und die Politik/Politische Beratung

Raphaels Bericht ging ein Wortwechsel über die Rolle des Philosophen voraus. Morus erörtert also gleich zu Beginn des Dialogs das ihn – wegen seiner eigenen Tätigkeit und deren Rechtfertigung – brennend interessierende Thema. Und die Frage nach der Rolle des Philosophen drängt sich den Gesprächspartnern geradezu auf. Denn Raphael ist gebildet und klug, weitgereist und erfahren in den Dingen dieser Welt. Er erzählt über die Institutionen und Sitten der verschiedenen Völker, als hätte er sein ganzes Leben bei ihnen verbracht. Er erscheint als ein Mann von geradezu einzigartigem Wissen und Intellekt.

Petrus Aegidius fragt daher einigermaßen verwundert, warum

Raphael nie in den Dienst eines Herrschers getreten sei. Einem solchen wären die Kenntnisse Raphaels von hohem Nutzen gewesen, darüber hinaus hätte eine politische Tätigkeit Raphael und seinen Angehörigen von Vorteil sein können. Den letztgenannten Grund für einen solchen Dienst weist Raphael weit von sich. Er habe auf Erbe und Vermögen zugunsten der Seinigen verzichtet. Damit sei er auch aller Verpflichtungen ledig. An seinem eigenen (materiellen) Wohlergehen ist ihm nicht viel gelegen.

Aber das ist eigentlich nicht der Kernpunkt von Aegidius' Frage. Vielmehr: Warum hat sich Raphael nicht dem Gemeinwohl gewidmet? *Morus* formuliert die Frage noch einmal, und er setzt als selbstverständlich voraus, daß es Raphael nicht um sein persönliches Wohlergehen geht, ja er fordert von ihm sogar, dieses hintanzustellen: »Immerhin scheint es mir eine eines so edlen und wahrhaft philosophischen Geistes würdige Sache zu sein, auch mit teilweiser Aufopferung deines persönlichen Wohlseins, deinen Genius und deinen Fleiß zum besten des Gemeinwohls aufzubieten, und das würde dir auf keine vollkommenere Weise gelingen, als dadurch, daß du als Berater eines mächtigen Fürsten ihm, woran gar nicht zu zweifeln ist, nur Gerechtes und Ehrenhaftes beibrächtest.«[39]

Raphael weist zunächst die Behauptung *Morus'* zurück, er besitze die für eine solche Aufgabe unabdingbare Begabung. Es ist dies eine rhetorische Floskel, wie sie Morus liebte; die Bescheidenheit ist nur gespielt. Das Problem liegt woanders, wie Raphael anführt: nämlich bei den Fürsten und deren mangelnder Empfänglichkeit für eine Beratung, wie er sie geben könnte. Fürsten interessieren sich in erster Linie für Ratschläge in militärischen Dingen und intellektuelle Hilfestellung bei der von ihnen zumeist angestrebten expansionistischen Politik. Hinzu kommt der Charakter der meisten (nicht philosophischen) Ratgeber:

»Übrigens gibt es keinen Ratgeber der Könige, der nicht entweder selbst so weise ist, oder wenigstens sich so weise dünkt, daß er den Rat eines anderen Mannes billigt, außer daß sie in abgeschmacktester Weise denjenigen schmeicheln, die in der höchsten Gunst des Fürsten stehen, oder durch Zustimmung sich dieselbe zu verdienen trachten.«[40] Dies macht eine politische Beratung schwierig, ja nahezu unmöglich.

Die Menschen, so betont Raphael, sind in ihre eigenen Gedanken verliebt. Jedes Gremium von Ratgebern würde daher nach der gleichen Regel verfahren: Der Rat eines Außenstehenden würde kritisiert werden, weil die Mitglieder des Gremiums sich mittels der Kritik selbst bestätigen wollen. Es geht ihnen um die eigene Karriere und ihren daran orientierten Standpunkt, nicht um das Gemeinwohl. An dieser Überlegung sind, ob sie sich dessen nun bewußt sind oder nicht, ihre Argumente letztlich ausgerichtet. Gegebenenfalls wehren sie unvoreingenommene Kritik ab, indem sie sich auf ihre Tradition berufen und so den gegebenen Rat ohne jegliche sorgfältige Erörterung zurückweisen.

In wenigen Sätzen skizziert Morus hier eine Vorstellung, die die meisten Entscheidungen (und entsprechend die Beratung, auf der diese Entscheidungen beruhen) als nicht rational im Sinne des vorgegebenen Ziels versteht. Die eigentliche Zielsetzung der Beratung und die entsprechenden Entscheidungsvorschläge liegen in der Förderung des eigenen Standpunktes – der individuell oder bürokratisch bestimmt sein kann: »Where you stand depends on where you sit«, wird die Entscheidungstheorie dieses Dilemma später kurz und bündig zusammenfassen.[41] Morus deutet damit das große Thema seines Buches an, das sich durch alle Bereiche der Erörterung zieht: die Notwendigkeit einer rationalen Gestaltung der Politik und des Lebens – und die Unempfänglichkeit der Politik für einen solchen Rationalismus.

Raphael berichtet, um seine These zu illustrieren, in einem längeren Monolog von seinem Besuch im Hause des Erzbischofs von Canterbury, John Morton. Dort fand, so erzählt er, vor vielen Jahren ein denkwürdiges Gespräch über die politische, rechtliche und soziale Situation Englands statt. Zu der Zeit, als der Erzählung zufolge Raphael den Kanzler und Bischof besuchte, war der jugendliche Morus dort Page. Durchaus denkbar, daß er das Gespräch, von dem Raphael nun in Antwerpen berichtet, in seiner Jugend schon einmal »gehört« hat.

Das Ausgangsargument zu Sinn und Zweck von Beratung wird anhand eines der drängendsten sozialen Probleme Englands erörtert. Das Gespräch, das Raphael wiedergibt, diskutiert das englische Strafrechtssystem, damit verbunden die soziale, durch wirtschaftliche Veränderungen und eine sich auflösende Sozialstruktur hervorgerufene Not weiter Teile der Bevölkerung. Hier also umreißt Raphael das Feld, das am dringlichsten politisches Handeln erfordert.

Die Ratschläge der Berater des Kardinals sind simpel: Einer steigenden Kriminalität ist mit strengen Strafen zu begegnen. Raphael führt gegen den Ruf nach noch härterem Vorgehen zunächst zwei Argumente ins Feld: Zum einen stehen dermaßen harte Strafen nicht im richtigen Verhältnis zur Schwere der Tat, zum anderen läßt die Strafe die Ursachen der Kriminalität unbeachtet.

Die aus ihrem sozialen Gefüge gerissenen, oft hochverschuldeten Menschen *können* sich nur durch Diebstahl ernähren, die Möglichkeit eines Lebens im Einklang mit dem Recht ist ihnen verwehrt. Die Argumente überraschen ob ihrer Modernität. Hier äußert sich ein Verständnis von Strafe, wie es erst wieder Cesare Beccaria im 18. Jahrhundert[42] verbreiten sollte, das aber auch Wurzeln in jüdisch-christlichen und stoischen Ideen hat. Aus diesen leitet Raphael seine Argumente ab – ohne eine solche Ableitung auszuführen. Die Notwendigkeit einer Verhältnismäßigkeit von Tat und Strafe wird nicht näher erörtert.

Schwerer zu begründen ist das zweite Argument: Raphael will hierzu die Ursache der Kriminalität, d.h. die Verarmung, diskutieren. Den Einwand, die Armen könnten ja arbeiten, wischt er mit einer Philippika gegen die herrschenden Zustände beiseite. Diese schafft die faktischen Grundlagen für die weitere Argumentation und die daraus zu ziehenden Schlüsse – zusammen das überzeugende Plädoyer eines Juristen. Es handelt sich dabei zunächst einmal um eine Anklage gegen die soziale Situation im England seiner Zeit:

»Sehen wir vorerst von jenen ab, die aus auswärtigen oder aus Bürgerkriegen verstümmelt heimkehren, wie neulich bei euch aus der Schlacht von Cornwall, oder kurz zuvor aus dem französischen Krieg, die ihre gesunden Gliedmaßen für den König oder das Gemeinwohl in die Schanze schlagen und ihren früheren Beruf wegen Invalidität nicht mehr ausüben, und wegen vorgerückten Alters einen neuen nicht mehr erlernen können – von diesen also wollen wir absehen, da Kriege nur nach gewissen Zwischenräumen eintreten. Fassen wir vielmehr die täglichen Vorkommnisse ins Auge. Die Zahl der Adeligen ist gar groß, die nicht nur selbst im Müßiggange von der Arbeit anderer wie Drohnen leben, sondern die Bauern auf ihren Gütern bis aufs Blut schinden, um die Renten zu erhöhen. Dies ist die einzige Art von Sparsamkeit, die sie kennen, diese Menschen, die in anderer Hinsicht verschwenderisch bis zum Bettelstab sind; auch umgeben sie sich mit einem ungeheuren Schwarm müßiger Gefolgschaft, die keine nützliche Kunst, das Leben zu fristen, erlernt hat. Diese Leute werden, wenn ihr Herr stirbt oder sie selbst erkranken, von Haus und Hof getrieben, denn lieber will man Müßiggänger ernähren als Kranke, und oft ist der Erbe des Sterbenden auch nicht imstande, den väterlichen Haushalt auf gleichem Fuße fortzuführen. Inzwischen hungern sich diese Leute ab, wenn sie nicht das Herz haben zu stehlen. Denn was sollen sie tun? Wenn sie nämlich durch Umherirren nach einiger Zeit Kleidung und Gesundheit abgenutzt haben, verschmähen es die Adeligen, die durch Krankheit geplagten und in schäbige Gewänder gehüllten Menschen aufzunehmen, und die Bauern wagen es nicht, ihnen Arbeit zu geben, da sie recht gut wissen, daß ein reichlich in Muße und im Genusse Aufgewachsener, der nur gewohnt ist, mit Schwert und Schild trotzigen Blickes einherzuschreiten und rings um sich alle zu verachten, nicht geeignet ist, mit Spaten und Hacke um elenden Lohn und dürftige Beköstigung einem Armen treu zu dienen.«[43]

Dies ist eine radikale Kritik an den rechtlichen, politischen und sozialen Zuständen im England der frühen Tudor-Monarchie. Sie läßt an Deutlichkeit nichts zu wünschen übrig. Raphael nimmt kein Blatt vor den Mund, wenn er sowohl das Rechtssystem als auch die beginnende Umstrukturierung der Landwirtschaft – dies wird ein Thema der englischen Revolution im 17. Jahrhundert werden[44] – anprangert. Die Ungerechtigkeit der sozialen Ordnung wird drastisch dargestellt. Morus kritisiert – als Raphael Hythlodäus – das aristokratische Regierungsprinzip mit einer bis dahin in der englischen politischen Publizistik nicht gekannten Härte. Auch gegen das sich langsam etablierende Common Law richtet er solchermaßen seine Angriffe. Das Common Law trug zwar zur Entwicklung allgemeiner Rechtsstandards bei, aufgrund seines hohen Grades an Formalisierung war es jedoch zunächst äußerst unflexibel und führte oft zu ungerechten, die Herrschenden begünstigenden Entscheidungen. Im Common Law sieht Morus daher letztlich nur eine Methode des Fürsten, seine Herrschaft zu festigen.

Es ist wohl in erster Linie diese Sozialkritik, die sozialistische Theoretiker zu Morus hingezogen hat. So war etwa der österreichische Sozialist Karl Kautsky von ihm fasziniert. Man könne sich nicht mit Morus beschäftigen, so schreibt er, ohne ihn lieben zu lernen.[45] Die mit der Kreatur mitfühlende Kritik Morus' an den Zuständen in England läßt ihn, der sozialistischen Interpretation zufolge, ein humanes Gegenbild entwerfen: den Staat der Utopier. Doch Mitleid leistet nicht die Arbeit der politischen Analyse. Vielmehr ist nach den Ursachen der Ungerechtigkeit und den Möglichkeiten zu ihrer Beseitigung zu fragen. Raphael stellt diese Fragen.

Die Ökonomie/Wirtschaft und soziale Not

Die Antwort auf die Ausgangsfrage nach einer wirksamen Kriminalitätsbekämpfung ist einfach: Auf ungleicher Eigentumsverteilung beruhende soziale Fehlentwicklungen und steigende Verbrechensraten bedingen einander wechselseitig. Diese ungleiche Verteilung des Eigentums zeigt sich zu jener Zeit natürlich in besonderer Weise im Agrarbereich. Die Umstrukturierung der Landwirtschaft ermöglichte es dem Adel, sein Eigentum zu vermehren. Die Schafzucht sowie die damit verbundene Einteilung und Parzellierung des Landes sind ein wichtiger Grund für diese Entwicklung; sie illustrieren Raphaels wirtschaftspolitische Argumentation: »›Eure Schafe‹, sagte ich, ›die so sanft zu sein und so wenig zu fressen pflegten, haben angefangen so gefräßig und zügellos zu werden, daß sie die Menschen selbst auffressen und die Äcker, Häuser, Familienheime verwüsten und entvölkern; [...] sie lassen dem Ackerbau keinen Boden übrig, legen überall Weideplätze an, reißen die Häuser nieder, zerstören die Städte und lassen nur die Kirchen stehen, um die Schafe darin einzustallen.‹ «[46]

Morus' Analyse zeigt die Wechselwirkung zwischen der Verknappung von Grund und Boden und der Verteuerung von Nahrung. Gleichzeitig entstehen Oligopole in den neuen Formen der Landwirtschaft. Die Preisgestaltung obliegt allein den Produzenten. Erneut ist Preisanstieg die Folge. Die Bevölkerung, deren ökonomische Grundlagen gefährdet oder schon weggefallen sind, wird deklassiert; sie muß im Wortsinn »ausweichen«: »So oder so wandern die Unglücklichen aus, Männer, Weiber, Kinder, Ehemänner und Gattinnen, Waisen, Witwen, Mütter mit kleinen Kindern, mit einer zahlreichen dürftigen Familie, da der Ackerbau vieler Hände bedarf – sie wandern aus, sage ich, aus ihren altgewohnten Heimstätten, und finden kein schützendes Obdach.«[47] »Ausweichen« kann Migration bedeuten, kann aber auch Rückzug aus dem vorgegebenen – und prinzipiell von Raphael nicht in Frage gestellten – Rechtssystem sein. Einfachere Gemüter nennen dies Kriminalität. Auf der anderen Seite herrscht »aufdringlicher Luxus«[48]. Selbst die wenig Begüterten wenden ihre Überschüsse für den Erwerb nicht lebensnotwendiger Güter auf; der Handel blüht. Dieser kommt allerdings nicht der verarmten Landbevölkerung zugute, sondern entweder ausländischen Produzenten oder den bereits Wohlhabenden im Lande.

Die wachsende Differenz zwischen den einzelnen Gesellschaftsschichten zeigt sich im ganzen Land wie auch in lokalen Entwicklungen: Die Bevölkerungsmehrheit einer Gegend wird in Armut und Kriminalität getrieben, damit »ein einziger unersättlicher Prasser«[49] seinen Wohlstand steigern kann. Arm und Reich klaffen auseinander. Die Armut der Vielen ist Bedingung für den Reichtum der Wenigen. Was tun?

Mit diesen Argumenten relativiert Raphael, ohne daß er dies noch einmal besonders betont, die moralische Verwerflichkeit des Diebstahls. Da dem Delinquenten die Wahlmöglichkeit zwischen rechtmäßigen und unrechtmäßigen Handlungsformen genommen ist, liegt bei ihm auch keine Schuld vor. Diese kann allenfalls bei den Besitzenden liegen. Einstweilen wird nur angedeutet, was später noch ausgeführt wird: Die Schuld gründet in der Gier nach Reichtum (also im Wunsch nach Differenz).

Für die praktische Politik muß dies Konsequenzen zeitigen. Raphael fordert eine grundlegende Kehrtwendung. Aus der bisherigen Argumentation ergeben sich bereits die Konturen einer solchen Politik. Die wirtschaftlichen Grundlagen der verarmten Bevölkerung müssen wiederhergestellt werden: »Diese Pestbeulen entfernt von eurem Leibe; macht ein Gesetz, daß die Dörfer und ackerbautreibenden Städte von denen wiederhergestellt werden müssen, die sie zerstört haben, oder daß sie sie denen abtreten, die sie wiederherstellen und aufbauen wollen.«[50] Raphael fordert die Rückkehr oder Umkehr zu einer Politik, die Rationalität als Leitmotiv anerkennt, d.h. im konkreten Fall, eine Beseitigung der Ursachen der Kriminalität in Angriff nimmt. Eine solche Politik würde und muß über die Interessen der (wenigen) Begüterten hinweggehen.

Erfolgt keine solche Umkehr, so bleibt in der Tat nur die von den Beratern des Kardinals vorgeschlagene Vorgehensweise. Raphael wendet also am Ende dieser Überlegungen seine bisher an Beispielen erläuterte Argumentation ins Allgemeine: »Wenn ihr eine schlechte Erziehung geben und die Sitten von den zartesten Jahren an allmählich verderben lasset, dann, wenn sie endlich Männer geworden sind, jene Verbrechen bestraft, die zu begehen sie von Kindheit auf in Aussicht gestellt haben – was tut ihr da anders, frage ich, als Diebe heranbilden und sie dann hinrichten?«[51] Einer solchen Politik ermangelt es, vergleichbar der Vorgehensweise in der Beratung, an Rationalität. Was aber ist unter dieser Rationalität zu verstehen?

Raphael kommt nun noch einmal auf das Argument zurück, daß bei der Bestrafung der Diebe das Prinzip der Verhältnismäßigkeit von Schuld und Strafe fehle, und wendet dieses, sein erstes Argument ebenfalls ins Allgemeine: Das Gebot der Rationalität verlangt die Unterwerfung unter den Willen Gottes, denn die individuelle Rationalität ist Ausfluß der göttlichen Rationalität. Nur so ordnet sich die Welt, und nur so ist diese Ordnung stabil. Wenn die Gebote Gottes aber – etwa »Du sollst nicht töten« – der Disposition des Menschen unterliegen, dann können die Menschen auch andere Gesetze Gottes in Frage stellen. Die gesetzte göttliche Ordnung wäre als Ganzes in Frage gestellt; menschliche Gesetzgeber würden die Stelle Gottes usurpieren. Dies hätte zumindest längerfristig fatale Folgen. Es ist eine Variante dessen, was amerikanische Juristen treffend und unübersetzbar das Slippery-slope-Argument nennen. Ist dieser Weg erst einmal eingeschlagen, so führt er unweigerlich nach unten: eine schiefe Bahn, die letztlich immer ins Verderben führt. Sie leugnet die wohlgeordnete Welt, d.h. die Rationalität der Schöpfung Gottes. Raphaels Argument ließe sich noch weiter verallgemeinern: Wer die göttliche Ordnung und ihre weltliche Ausdrucksform, die Kirche, in Frage stellt, und sei es auch nur in einigen Punkten, gefährdet leichtsinnig die Ordnung als Ganzes. Der Rationalismus erscheint hier in einem konservativen Gewand – mit ähnlichen Argumenten hat sich Morus gegen Reformbestrebungen in der Kirche gewandt. Die Ordnung ist nicht nur rational und göttlich, sie ist auch eine sehr prekäre Ordnung; menschliche Anmaßung (unüberlegte Reformen) wie Verbiegungen der Rationalität aus Eigeninteresse sind stets präsente Gefährdungen. Raphaels Sozialkritik ist in einem radikalen Konservatismus verwurzelt, der die Aufrechterhaltung und gegebenenfalls Wiederherstellung der göttlichen Ordnung fordert: Diese Ordnung ist rational, sie nützt ihrem Anspruch nach allen.

Raphael ergänzt seine Folgerungen durch ein Vernunftargument, das eine näherliegende Überlegung vorführt: Er erklärt, daß man Diebe mit allzu strengen Maßregeln nicht davon abhalten kann, »sich am Leben braver Menschen zu vergreifen«[52]. Im Gegenteil, wer nichts zu verlieren hat, wird um so rücksichtsloser vorgehen. Die Begründung des Arguments ist die gleiche: Einem weiteren Zerfall der Ordnung durch Mißachtung der göttlichen Gebote (»Du sollst nicht töten«) muß Einhalt geboten werden, die bisherige Politik aber leistet dem Zerfall Vorschub.

Der Kritik folgt auch hier der Vorschlag, wie den Mißständen abgeholfen und der Rationalität Geltung verschafft werden könnte. Raphael bedient sich nun erstmals eines (fiktiven) Beispiels aus seinen Reiseerlebnissen. Als Vorbild für einen rationalen Strafvollzug beschreibt er das Strafrechtssystem der Polyleriten, eines Volks, das seiner Rede nach in einem unzugänglichen Gebirgsland in Persien lebt. Das Strafrechtssystem der Polyleriten ist durch zwei Grundsätze gekennzeichnet: 1. »Bei ihnen nun müssen die überführten Diebe das Gestohlene dem Eigentümer zurückgeben, nicht, wie in andern Ländern, dem Könige, der, wie sie meinen, gerade so viel Anrecht auf die gestohlene Sache hat, als der Dieb selber.«[53] Die Eigeninteressen des Königs oder allgemein derer, die herrschen, sollten hinter dem Gemeinwohl zurückstehen; es muß verhindert werden, daß sich der König durch den Strafvollzug bereichert. Das Wohl des Fürsten muß mit dem Wohl des Volkes konform gehen; er muß auf Vorteile verzichten. 2. Bekämpft werden soll das Verbrechen, nicht die Menschen, die (aus verschiedenen Gründen) Verbrechen begehen: »Die Schärfe des Gesetzes bezweckt nur die Vernichtung der Verbrechen, aber die Schonung der Menschen, die so behandelt werden, daß sie sich bessern müssen und den Schaden, den sie einst angestiftet haben, ihr ganzes Leben lang gut zu machen gehalten sind.«[54] Es gilt das Prinzip der Naturalrestitution.[55]

An späterer Stelle führt Raphael diesen Gedanken noch einmal aus: Dem Erfordernis einer vollständigen Rationalität genügt letztlich nur das flexible Strafrechtssystem der Utopier. Das Strafmaß für einzelne Vergehen wird nicht gesetzlich, sondern von Fall zu Fall vom Senat festgelegt. Ausnahmen von der Regel bestehen allein für den Ehebruch, der zunächst mit »der härtesten Sklaverei«[56], bei Rückfall aber mit dem Tode bestraft wird. Überhaupt wird der sexuelle Lebensbereich besonders streng geregelt. Hier wird schon der Versuch eines Vergehens streng geahndet: »Der Versuch einer unzüchtigen Handlung bringt nicht weniger Gefahr mit sich, als die vollzogene Unzucht.«[57] Die strenge Regelung der Sexualität entspricht Morus' Idee, daß sexuelles Verlangen eine Kraft ist, die der menschlichen Ordnung und Rationalität entgegengesetzt ist. Sie bedarf daher einer besonderen Aufsicht. Dabei erkennt Morus die Bedeutung der Sexualität durchaus an. Er möchte sie allerdings dem Bereich der Emotionalität entzogen wissen.

Die Grundlage des Rechtssystems ist einfach: Der Gedanke der Naturalrestitution wird aus dem Bereich des privatrechtlichen Ausgleichs zu einem staatsrechtlichen Prinzip erhöht. In den meisten Fällen ersetzt die Sklaverei, in Anerkennung dieses Prinzips, die Todesstrafe: »Fast alle sehr schweren Verbrechen werden mit Sklaverei bestraft, und man hält das für die Verbrecher selbst für nicht minder schlimm und dem Staate für vorteilhafter, als die Schuldigen abzuschlachten und sie eiligst zu beseitigen.«[58] Strafen müssen dem Staat nutzen, indem sie den Schaden wiedergutmachen und einen zusätzlichen Nutzen erwirtschaften. Schuld und Sühne bleiben unerörtert, dem (unterschiedlichen) Gewicht der Schuld kommt keine strafbegrenzende

Wirkung zu. Das System wirkt zudem abschreckend. Das harte Schicksal der Sklaven vor Augen, bemüht sich ein jeder um einen gesetzestreuen Lebenswandel. Die abschreckende Wirkung von Strafe wird noch durch »ehrende Belohnungen zu tugendhaftem Wandel«[59] ergänzt. Die Gründe sind die gleichen.

Die Sklaverei der Utopier hat eine janusköpfige Natur: Sie ist ökonomische Maßnahme und entspricht zugleich den Humanitätsvorstellungen ihrer Erfinder. Als Sklaven werden nämlich auch ausländische Verbrecher gekauft, die in ihrem eigenen Land die Todesstrafe erwartet; es gibt sogar immer wieder Angehörige fremder Völker, die in ihren Heimatländern unter solch elenden Bedingungen leben müssen, daß sie sich freiwillig in die Sklaverei der Utopier begeben.

Die Sklaverei der Utopier stellt eine rationale Strafform und zugleich einen wichtigen Bestandteil der Ökonomie des Landes dar. Der von den Kriminellen angerichtete Schaden kann zumindest partiell wiedergutgemacht werden; zugleich haben die Täter die Gelegenheit, bei minderen Verbrechen nach Verbüßung ihrer Strafe und bei guter Führung wieder in die Gemeinschaft zurückzukehren. Letztlich dienen Verbrechen und Strafe sogar dem Allgemeinwohl. Die Sozialschädlichkeit des Verbrechens ist nahezu aufgehoben.

Allerdings kann man sich nicht des Eindrucks erwehren, daß ein solches System von Straf-, Arbeits- und Umerziehungslagern die Würde des Individuums verletzt und es lediglich auf seine Funktion in der Gemeinschaft reduziert. In gewisser Weise fand eine solche Aufforderung zur Rationalisierung des Strafvollzugs Widerhall zur Zeit der Kolonialisierung Amerikas und vor allem Australiens. Der Ausgangspunkt von Plänen, Strafgefangene beispielsweise nach Australien zu deportieren, greift – wenn auch weniger konsequent – Gedanken Morus' auf. Die Folgen sozialer Mißstände und der Glaube an die individuelle Besserungsfähigkeit des Menschen brachten die Idee der Zwangskolonien hervor. Auch der Gedanke der sozialistischen Umerziehungs- und Straflager folgt ähnlichen Vorgaben.

Der Philosoph und die Politik/Königtum und Philosophenkönigtum

Die Strafrechtssysteme der Polyleriten und Utopier sind Beispiele für eine vernünftige Gestaltung eines Lebensbereichs. Sie könnten als Vorbilder dienen, aber würde ein Fürst ein solches System einführen? Wohl kaum. Raphael stellt daher noch einmal den Sinn politischer Beratung in Frage. *Morus* beharrt jedoch auf seiner anfangs gefaßten Meinung:

»Im übrigen kann ich keineswegs von meiner Meinung abgehen, daß du, wenn du dich nur selbst dazu bringen könntest, vor den Fürstenhöfen nicht zurückzuscheuen, dem Gemeinwohle durch deinen Rat und deine Stimme ungemein viel nützen könntest. Das ist sogar deine höchste Pflicht, die Pflicht eines trefflichen Mannes. Denn wenn nun dein Platon die Ansicht hegt, daß die Staaten dann erst vollkommen glücklich sein werden, wenn entweder die Philosophen regieren oder die Könige Philosophie treiben, wie weit muß da das Glück noch im weiten Felde stehen, wenn die Philosophen es verschmähen, den Königen ihren guten Rat zuteil werden zu lassen.«[60]

Morus betont die Notwendigkeit einer philosophischen Staatsführung; insoweit ist er sich mit Platon einig. Die Einheit von Herrschaft und philosophischer Erkenntnis mag zwar in weiter Ferne liegen, aber kommt dem Philosophen nicht wenigstens die Aufgabe zu, für dieses Ziel zu arbeiten?

»Dein Platon« – *Morus* argumentiert mit einem der klassischen Argumente Platons aus *Politeia*[61] und verankert die Position Raphaels damit zugleich in der Platonischen Staatsphilosophie.

Das Argument *Morus'* weist Raphael allerdings ebenfalls mit einer Bemerkung Platons zurück: Die Akzeptanz philosophischer Beratung setzt bereits philosophische Herrscher voraus, d.h., die Könige müssen Philosophen werden, um den Ratschlägen der Philosophen folgen zu können. Ein schwerlich zu bewältigendes Unterfangen, an dem auch Platon gescheitert ist.[62]

Zur Verdeutlichung dieses Dilemmas greift Raphael sein bereits zu Beginn des Gesprächs vorgebrachtes Beispiel der Fürstenberatung auf und entwirft ein Szenario: Gesetzt den Fall, er wohne der Beratung eines Fürsten bei, in der eine expansionistische Politik in Italien entworfen werden solle. Wie solle er sich in einem solchen Fall verhalten? Was wäre, würde Raphael in dieser Situation nun zu einer Politik der Selbstbeschränkung aufrufen und dem Herrscher raten, sich auf sein Land und dessen Verwaltung zu beschränken?

»Wenn ich überdies zeigen wollte, daß alle die Kriegsunternehmungen, durch welche so viele Völker aufgeregt werden, und, nachdem sie den Staatsschatz erschöpft, die Völker zugrunde gerichtet hätten, doch vielleicht durch irgendein Mißgeschick umsonst gewesen wären, er [der König] daher sein angestammtes Reich pflegen, es schön ausgestalten und so blühend als nur möglich machen, daß er seine Landeskinder lieben solle, dann werde er von ihnen geliebt werden, daß er in Einigkeit mit ihnen leben und mild herrschen, andere Länder aber in Ruhe lassen solle, da ja das, was ihm gefallen, mehr als übergenug sei – was glaubst du wohl, teuerster Morus, mit welchen Gefühlen würde diese meine Rede aufgenommen werden?!«[63]

Utopia versucht, dieses Problem in grundlegender Weise zu lösen: Der Text ist eine Abhandlung über Krieg und Frieden, über internationale Politik und Außenhandel. Neben dem Rechtssystem und der Arbeits- und Wirtschaftsordnung sind dies die großen Themen der Politik. *Utopia* wird damit zu einem Kompendium von Ratschlägen für die Gestaltung der Politik eines

Landes. Die Rationalität der Politik ist die Klammer, die alle erörterten Bereiche zusammenhält; sie strukturiert die Argumente. *Utopia* wird so zu einer umfassenden Staatslehre.

Der Staat Utopia dient als Beispiel für rational geführte Außenpolitik. Der Grundgedanke der Utopier ist einfach: Die Kriegstreiberei der Könige muß durch eine rationale Kriegsführung auf der Grundlage nachvollziehbarer politischer Zweckmäßigkeit ersetzt werden. Krieg wird (wie zuvor Strafen) nicht per se abgelehnt, sondern lediglich rationalen Grundbedingungen unterworfen. Denn auch wenn die Utopier den Krieg nicht aus Ruhmsucht oder Expansionsbestrebungen suchen, so kennen sie doch eine Reihe von Gründen, die einen Krieg rechtfertigen – »entweder um ihre Grenze zu schützen oder um die das Gebiet ihrer Freunde überschwemmenden Feinde zurückzuschlagen oder um irgendein von Tyrannei bedrücktes Volk, dessen sie sich erbarmen, vom Joche eines Tyrannen und von der Sklaverei zu befreien«[64]. Hinzu tritt ein weiterer Grund: Die Utopier sind zwar darum bemüht, die Einwohnerzahl der Insel konstant zu halten, wenn »aber vielleicht die ganze Insel über das rechte Maß hinaus bevölkert wäre, so werden aus jeder Stadt eine bestimmte Anzahl ausgewählt und auf dem nächstgelegenen Festlande, wo die Eingeborenen viel überschüssiges unbebautes Land haben, wird eine Kolonie angelegt, indem sie sich mit den Eingeborenen vereinigen, wenn diese in Gemeinschaft mit ihnen leben wollen«[65]. Verweigern dies die Bewohner des Gebietes, das die Utopier als Kolonie auserkoren haben, so werden sie, gegebenenfalls mit Gewalt, vertrieben. Der Herrschaftsanspruch über brachliegendes Land ist für die Utopier Grund für einen gerechten Krieg. Auch die Entscheidung über Krieg und Frieden unterliegt den strengen Anforderungen der Rationalität. Das Gemeinwesen muß – bei Beobachtung der grundlegenden Prämissen seiner Ordnung – davon profitieren.

Die von den Utopiern in Anspruch genommene Rationalität gilt unbedingt.

Die militärische Organisation entspricht diesen Vorstellungen. So ist der Militärdienst zwar freiwillig, im Verteidigungsfall werden jedoch auch die Kriegsdienstverweigerer herangezogen. Strategie und Taktik der Kriegsführung der Utopier müssen ebenfalls diesen Prämissen entsprechen. Morus entwirft ein Bild von Kriegsführung, das alle »ritterlichen« Elemente weit von sich weist und lediglich zwei Zielen dient: 1. einer schnellen Erringung des Sieges und 2. der Schonung menschlicher Ressourcen. Dazu werden zunächst materielle und »geheimdienstliche« Mittel eingesetzt; der Feind wird bestochen, zum Widerstand, ja zum Aufstand gegen und zur Ermordung seines Herrschers aufgefordert. Das Vorgehen der Utopier mag unritterlich und nicht ehrenhaft erscheinen, doch Raphael verteidigt es als das unter rationalen Gesichtspunkten überlegene Konzept: »Dieser Gebrauch, den Feind als ein Versteigerungs- und Verkaufsobjekt zu behandeln, gilt bei anderen Völkern als verwerflich, als eine schändliche Handlungsweise eines entarteten, grausamen Gemüts, sie aber dünken sich deswegen ob ihrer gar hohen Klugheit lobenswert, da sie auf diese Weise dem größten Kriege alsbald ohne Schlachtengemetzel ein Ende bereiten, ja sie halten sich aus diesem Grunde sogar umgekehrt für menschlich und mitleidvoll gesinnt, weil sie um den Preis des Todes weniger Schuldigen zahlreiche unschuldige Leben vom Untergange loskaufen, die sonst in den Schlachten umgekommen wären.«[66] In eine ähnliche Richtung zielt die Bemühung, im Kampf menschliche Leben zu sparen, indem man den feindlichen Feldherrn möglichst schnell tötet.[67] Es geht um die schnelle Beendigung der Auseinandersetzung. Dem Krieg sowie den damit verbundenen Ehren und dem Ruhm von Tapferkeit und Feldherrnkunst wird keine eigenständige Bedeutung beigemessen. Er kann nur Mittel zu einem klar definierten und begrenzten Zweck sein. Morus kann hier als ein Wegbereiter eines instrumentellen Verständnisses von Kriegsführung gesehen werden.[68]

Die »Außenpolitik« Utopias ordnet sich in diese Grundüberlegungen ein. Das betrifft insbesondere die Verbündeten. Diese unterstützt Utopia bei der Selbstverteidigung, aber auch bei der Selbsthilfe, sofern sie noch keine Entschädigung für das von anderen erlittene Unrecht erhalten haben und die Utopier davon überzeugt sind, daß sich ihre Verbündeten im Recht befinden und sie selbst beizeiten zu Rate gezogen wurden.

Nach den Prinzipien, nach denen der Krieg begonnen wurde, wird er auch beendet: »Mit den Feinden geschlossene Waffenstillstände halten sie so unverbrüchlich heilig, daß sie dieselben nicht einmal dann brechen, wenn sie schwer gereizt worden sind.«[69] Der Grundsatz ist die Erhaltung von Ordnung und (göttlichem) Recht. Die Beschreibung der Utopier als verläßliche Bündnispartner bietet Raphael Gelegenheit zur Kritik an der in Europa durchaus gängigen Praxis des Vertragsbruchs.[70] Nur Zwang hält die christlichen Herrscher dazu an, ihren Verpflichtungen nachzukommen. Dies ist auch Kritik an den Eroberungsfeldzügen des Borgia-Papstes Alexander VI. und seines Sohnes Cesare in Italien; die vermeintliche Neue Welt ist eigentlich die Alte Welt – und umgekehrt: »Aber in jenem neuentdeckten Weltteile, der weniger noch durch den Äquator von uns geschieden ist, als durch die Lebensverhältnisse, Sitten und Gebräuche, ist auf Bündnisverträge nicht zu bauen, denn mit je mehr feierlichen Zeremonien einer verknüpft ist, desto schneller wird er gebrochen, indem leicht in seinem Wortlaute eine hinterlistige Deutung gefunden werden mag, den sie absichtlich so verschmitzt gestalten, daß sie nie so fest gefaßt werden können, um nicht immer ein Hinterpförtchen zu finden, durch das sie zu entschlüpfen imstande sind, und dem Bündnis zusamt der geschworenen Treue sich zu entziehen vermögen.« Die Utopier haben daraus die Konsequenz gezogen. Bündnisse, die ja immer unter dem Vorbehalt des Nutzens des Gemeinwohls stehen müssen, lehnen sie völlig ab. Die Utopier heben sich also von der Praxis in der Neuen Welt angenehm ab: »Bündnisse, wie sie andere Völker untereinander schließen, brechen und wieder erneuern, gehen sie mit keiner anderen Nation ein.«[71] Diese Praxis findet ihren Widerhall in Vorstellungen, wie sie in der frühen amerikanischen Republik Geltung hatten. Auch dort wollte man sich völlig von der alten und verderbten Weise der europäischen Staaten abwenden und lehnte Bündnisse generell ab.[72]

Und auch dieses Argument läßt sich wieder ins Allgemeine wenden: Mißt man die Einhaltung privater und internationaler Verträge mit zweierlei Maß, wird die Gerechtigkeit nicht als ein dem Fürsten übergeordnetes Prinzip anerkannt. »Auf diese Weise erhält es den Anschein, als ob die Gerechtigkeit eine niedrige Tugend des gemeinen Volkes sei, die tief unter der königlichen Erhabenheit stehe, oder, daß es wenigstens eine doppelte Gerechtigkeit gebe, die eine, die dem gemeinen Volke zukomme, bescheiden zu Fuße gehend, ja demütig am Boden hinkriechend, die keine Zäune und Hecken überspringen kann, von allen Seiten geknebelt und eingeschränkt, die andere als Tugend der regierenden Fürsten, viel erhabener als jene volkstümliche, mit einem bei weitem freieren Spielraum, so daß ihr alles zu tun erlaubt ist, was ihr beliebt.«[73] Gerade auf eine solche objektive Bestimmung der Gerechtigkeit kommt es aber an. Morus' Vorstellung von der (Vertrags-)Gerechtigkeit erlaubt keine Unterscheidung zwischen dem Privaten (wo Verträge immer zu halten sind) und dem Staat (wo Verträge einem Opportunitätsprinzip unterliegen). Seine Vorstellung geht von einem einheitlichen Begriff von Gerechtigkeit aus, da Rationalität in allen Bereichen gilt. Der internationalen Politik kommt insoweit keine besondere Bedeutung zu, sie unterliegt den gleichen Bedingungen wie der innenpolitische Bereich.

Krieg erscheint als Teil der Politik. Die rationale Kriegsführung der Utopier ist erfolgreich. Nach dem Sieg lassen sich die Utopier nicht von Rachegefühlen leiten, sondern handeln rational. Es ist nützlicher, die geschlagenen Soldaten als Sklaven für sich arbeiten zu lassen und den Ertrag ihrer Ländereien für sich zu nutzen: »Wenn der Sieg von ihnen erfochten wird, schwelgen sie nicht in der Niedermetzelung der Feinde; sie nehmen die Fliehenden lieber gefangen, als daß sie sie umbringen.«[74] Dies gilt auch für alle materiellen Eroberungen: »Sie verwüsten das feindliche Land nicht, brennen auch nicht die Saaten nieder, und treffen sogar Vorsorge, daß sie so wenig als möglich vom Fußvolk und von der Reiterei zerstampft werden, indem sie der Ansicht sind, daß dieses Getreide ja auch zu ihrem Nutzen wachse.«[75] Der Kreis der Argumentation schließt sich. Wie Strafe von der alleinigen Bindung an das Maß der Schuld befreit wurde und die moralische Betrachtungsweise einer utilitaristischen wich, so ist auch die internationale Politik jeglicher moralischen Bewertung – abgesehen von den Grundüberzeugungen der Utopier – entzogen.

Zu Beginn des 20. Jahrhunderts hat eine Reihe deutscher Kommentatoren Morus angelastet, er habe mit dieser Idee eine (frühe) Rechtfertigung für den britischen Imperialismus verfaßt.[76] Eine wenig überzeugende Ansicht, ließ sie doch Morus' prinzipielle Kritik an jeder Art von materieller und anderer Erwerbung außer acht. Dazu würde auch der Versuch gehören, Macht und Ruhm um ihrer selbst willen zu erringen. Der britische Kolonialismus späterer Jahrhunderte beruhte auf einem Amalgam von Motiven, die nicht (nur) einer rationalen Vorgabe im Interesse des Staates folgten: Abenteurertum, Notwendigkeiten der Kriegsführung, Flucht vor Armut oder religiöser und politischer Verfolgung, Gewinnstreben und anderes wirkten zusammen. Morus wollte, daß sich eine rationale Politik (auch eine Kolonialpolitik) den Erfordernissen des Gemeinwohls (eines Staatsgebietes) unterordnet.[77] Der englische Kolonialismus genügte keineswegs diesen Anforderungen, auch wenn er sich viel später einige der Begründungen, die Morus aufführte, zu eigen machte. Dies hatte er mit den Expansionsbestrebungen aller anderen Staaten gemein.

In den Bereich dieser Überlegungen zur internationalen Politik gehört auch der Außenhandel. Handel mit anderen Staaten zu betreiben ist notwendig, da auch die Utopier nicht alles selbst produzieren können. Zum anderen bildet Handel die materielle Grundlage der Außenpolitik. Nur im Außenhandel können sie das Gold und Silber erwerben, mit dem sie – da diese Edelmetalle und mithin das Geld für sie intern keinen Wert besitzen – ihre Außen- und Verteidigungspolitik betreiben.[78] Dieses Gold benutzen sie »hauptsächlich, um fremde Soldaten (welche sie lieber der Gefahr preisgeben als die eigenen Bürger) durch hohen Sold zu werben«[79]. Daneben setzen sie Gold aber auch dazu ein, ihre Feinde zu bestechen: »So leicht verleiten Bestechungen zu jedem beliebigen Verbrechen, und in der Höhe solcher Spenden gibt es für die Utopier keine Grenze.«[80] Der Außenhandel wird also der Kriegsführung untergeordnet – eine frühneuzeitliche Vorstellung, die bis heute eine gewisse Bedeutung hat.

Die Rationalität der Kriegsführung, die sich an einer Hierarchisierung der strategischen und politischen Ziele orientiert und dieser andere (auch moralische) Aspekte unterordnet, findet ihre Entsprechung in der Staatsform. Diese muß ebenfalls den Anforderungen einer vernünftigen Politik genügen, was Folgen für die Staatsorganisation hat. Morus stellt mit dem politischen System der Utopier eine rationale Staatsform vor: Am Ende dieser Überlegungen greift er das monarchische Prinzip an. Es liegt in der Natur der Fürsten, letztlich keine rationale Politik zu betreiben.[81] Monarchische Politik ist immer »persönlich«, rationale Politik hingegen immer »unpersönlich«. Die Formulierung seiner Anklage gegen die Fürsten läßt wenig Raum für Zweifel:

»Alle stimmten in dem Ausspruche des Crassus überein, daß kein Fürst zu viel Geld besitze, der ein Heer zu ernähren habe; sie sind überdies auch darin alle einig, daß ein König, wenn er auch noch so sehr wollte, nichts Ungerechtes begehen könne, denn alles, was die Menschen besitzen, gehöre ihm, wie die Menschen selbst auch, und dem einzelnen sei nur das zu eigen, was ihm der König nicht genommen habe, und daß dieser dem Individuum verbleibende Besitz so gering als möglich sei, liege ja sehr im Interesse des Fürsten, denn dessen Sicherheit bestehe darin, daß das Volk nicht durch Reichtum und Freiheit übermütig werde, da man unter solchen Umständen nicht eben gutmütig harte und ungerechte Befehle ertrage, während Armut und Not die Geister abstumpfe, geduldig mache und den Bedrängten den kühnen Mut sich zu empören benehme.«[82]

Es ist fraglich, ob mit einem solchen Regierungssystem eine rationale Ordnung hergestellt werden kann. Morus wendet sich hier gegen die entstehende Staatsdoktrin des Absolutismus, der den König von den Vorgaben jeglicher Gesetze befreit.

Aus den bisherigen Überlegungen ergibt sich eine klare Bestimmung der Aufgaben eines Fürsten – im Sinne einer rationalen Herrschaftsordnung: »[D]as Volk wähle sich einen König in seinem eigenen Interesse und nicht um des Königs willen, damit sie alle nämlich durch dieses einen Mannes Bemühung und Obsorge ein behagliches, vor Unbilden geschütztes Leben führen, und daß es daher mehr Sache des Fürsten sei, für das Wohl seines Volkes zu sorgen, als für sein eigenes.«[83] Der Fürst kann also lediglich ein »Diener« des Gemeinwohls sein; er verschafft den Prinzipien der Rationalität Raum. Eine weitere Überlegung, die der Selbsterhaltung des Regierenden Rechnung trägt, kommt hinzu: Die Armut des Volkes macht dieses nicht wehrlos und schützt solchermaßen den König, sondern sie legt die Grundlage für zukünftigen Aufruhr. Eine ähnliche Überlegung stellte Morus auch in einem seiner Epigramme an: »Weder Haß und Furcht noch hohe Palastmauern schützen den König vor dem Volk [...]. Nur derjenige wird sicher sein, der sein Volk so regiert, daß das Volk glaubt, keinen nützlicheren für seine Belange zu haben.«[84] Die schon bei der Erörterung des Strafrechtssystems angeführten Gründe werden hier noch einmal aufgeführt. Also auch im ureigensten Interesse des Fürsten ist das Wohlergehen seines Volkes ein erstrebenswertes Ziel. Denn ein Herrscher, der nicht in der Lage ist, die Wohlfahrt seines Volkes zu gewährleisten, ist seines Amtes nicht würdig (und sicher); und er wird die Verachtung seiner Untertanen auf sich ziehen. Selbst wenn er versucht, seine Herrschaft mit Gewaltmitteln und durch die Ausbeutung des Volkes zu behaupten, wird er früher oder später seine Herrschaft verlieren.[85] Das Wohlergehen des Volkes bildet die Grundlage der Macht des Königs.

Das Herrschaftssystem Utopias trägt diesen Überlegungen Rechnung. Die moralische Schwäche, die dynastischen Herrschern über Zeit unausweichlich beigegeben sein mag, die geringe Möglichkeit der Korrektur von Entscheidungen und der Auswahl der höchsten Repräsentanten des Staates sind in diesem Entwurf aufgehoben. Mit dem Regierungssystem Utopias zeigt Morus die Möglichkeit der Übertragung von Rationalität auf Institutionen. Diese Rationalität sieht er als der des einzelnen überlegen. Morus argumentiert hier ähnlich wie Niccolò Machiavelli in seinen *Discorsi*[86] (1522): Machiavelli sieht die Dichotomie der Gesellschaft und die (institutionelle) Mischverfassung als diejenigen Prinzipien, die die Stabilität der staatlichen Ordnung gewährleisten. Die Geschichte Roms dient als Exempel für eine stabile Staatsordnung, die auf dem Interessengegensatz von Senat und Volk sowie einer Mischung monarchischer, aristokratischer und demokratischer Regierungsformen beruhte. Diese solchermaßen geforderten Institutionen zugrundeliegenden Prinzipien entsprechen in gewisser Weise der individuellen »virtù« (Tugend) des einzelnen Fürsten. Die »virtù« der Institutionen der Utopier besteht – analog hierzu – in ihrer Rationalität.

Das Regierungssystem von Utopia ist daher einfach: »Je dreißig Familien erwählen sich jährlich eine Obrigkeit, die sie in ihrer alten Sprache Syphogrant, in der neuen Phylarch nennen. Zehn Syphogranten mit ihren Familien steht ein, wie es früher hieß, Traniborus, jetzt Protophalarch genannt, vor. Endlich schwören alle Syphogranten, deren zweihundert sind, daß sie den zum Fürsten erwählen wollen, welchen sie für den tauglichsten halten, wozu sie in geheimer Abstimmung einen von den Vieren ernennen, die ihnen das Volk vorgeschlagen hat.«[87] Die gewählten Fürsten werden, sofern sie sich nicht tyrannischer Herrschaft verdächtig machen, auf Lebenszeit ernannt. Alle übrigen Ämter werden jährlich neu zur Wahl gestellt. Die Traniboren beraten zusammen mit je zwei, stets wechselnden, Syphogranten den Fürsten. Um eine Verschwörung des Fürsten und seiner Berater gegen die Volksversammlung zu verhindern, gilt, daß sie außerhalb der Senatssitzungen und Volksversammlungen bei Androhung der Todesstrafe nicht über Staatsangelegenheiten beraten dürfen.[88] Die Regierungsorganisation kommt also mit einer geringen Anzahl von Männern aus. Sie beruht grundlegend auf dem System der Repräsentation. Die Willensbildung erfolgt von unten nach oben.

Auch in einem seiner Epigramme behandelt Morus die Frage, ob der monarchischen oder der aristokratischen Regierungsform der Vorzug zu geben sei: »Keiner von beiden, wenn (was oftmals vorkommt) beide schlecht sind. Wenn aber beide gut sind, glaube ich, daß der Senat aufgrund der Anzahl [der Männer] besser ist und daß es mehr Gutes bei vielen guten Männern gibt. Es ist vielleicht schwierig, eine Anzahl guter Männer zu finden; öfter noch ist es leicht, daß der eine schlecht ist. Und oft mag der Senat die Mitte zwischen beiden gewesen sein, aber es wird kaum jemals ein König mittelmäßig [d.h. weder gut noch böse] sein. Ein schlechter Senator wird durch besseren Ratschlag gelenkt, ein König aber lenkt selbst seine Berater.«[89] Nicht nur die prinzipielle Bevorzugung eines mehrköpfigen Gremiums und die Problematik der Fürstenberatung behandelt Morus hier; das Epigramm schließt mit der skeptischen Frage, ob die theoretische Alternative Fürst oder Senat für die Praxis überhaupt von Belang ist.[90]

In der Monarchie hat nur der Regierende die Macht, die Regierungsform zu verändern, doch wird er von dieser Macht ausschließlich dann Gebrauch machen, wenn er das Gemeinwohl über sein Eigeninteresse stellt, wenn er also zugleich König und Philosoph ist, so wie Utopos, der Staatsgründer Utopias. Der Gesetzgeber und Monarch war bereit, seine Macht zum Wohle der Allgemeinheit mit anderen zu teilen, und schuf so eine (Geistes-)Aristokratie. Aufgrund seiner Gesetze rekrutieren sich die Regierenden, d.h. die Repräsentanten der Utopier, nunmehr aus den besonders Befähigten und Gelehrten: »Aus diesem Stande der Gelehrten werden die Gesandten, die Priester, die Traniboren, wird endlich der Fürst selbst erwählt.«[91] – In Utopia ist Platons Ideal, wie zuvor von Raphael angekündigt, in der Tat »Wirklichkeit« geworden: Die Könige sind Philosophen.

Raphael kommt nun zum Schluß seiner Argumentation: »Denn was kann eine so Unerhörtes bietende Rede für Nutzen stiften, oder wie kann sie auf Gemüter Einfluß haben, die voreingenommen sind und in denen sich eine entgegengesetzte Überzeugung tiefstens festgesetzt hat? Im vertraulichen Verkehre unter lieben Freunden ist solche Schulphilosophie ganz gefällig, aber im Rate der Könige, wo große Angelegenheiten mit großer Autorität verhandelt werden, ist für solche Dinge kein Platz.«[92] Und kommt sodann zu dem Fazit: »Das ist also das, was ich gesagt habe [...], daß die Philosophie bei den Fürsten keine Stätte hat.«[93] Damit ist die Sache für ihn zunächst erledigt.

Das Herrschaftssystem der Monarchie ist nicht mit den Erfordernissen einer rationalen Lebensführung in Einklang zu bringen, da die Person des Fürsten keine Gewähr für die Einhaltung einer rationalen Politik bietet. Rationalität erfordert institutionelle Voraussetzungen, die in den christlichen Staaten Europas nicht gegeben sind.

Die Voraussetzungen der rationalen Ordnung: Gütergemeinschaft und soziale Gleichheit

Raphael ist damit am Kernpunkt seiner Argumentation angelangt. Die Regierungsform der christlichen Länder Europas, die er kritisiert, ermöglicht keine rationale Politik. Mit Politikberatung ist es also nicht getan. Sie muß, so nicht institutionelle Veränderungen erfolgen, ins Leere laufen. Diese Problematik hat natürlich ihre Gründe. Es ist eine der Grundlagen der (bisherigen) Gesellschaft, die Raphael zufolge einer gerechten Staatsordnung im Wege steht: »Überhaupt, mein lieber Morus – um dir ganz unumwunden meine wahre Gesinnung zu enthüllen –, dünkt mich, daß wo aller Besitz Privatbesitz ist, wo alles am Maßstabe des Geldes gemessen wird, da kann es wohl kaum je geschehen, daß der Staat gerecht und gedeihlich verwaltet wird.«[94] Dies ist die zentrale Aussage Raphaels. *Morus* wird sie später noch um eine anthropologische Komponente ergänzen. Zunächst aber ist der Kern allen Übels enthüllt – die Argumentation verweist zurück auf die Ausführungen über den Diebstahl und seine Ursachen: Das Eigentum und die Gier nach demselben bilden die Wurzel des Übels.

Erneut sucht Raphael sein Argument mit Verweis auf Platons *Politeia* zu stützen: »Denn das hatte die hohe Weisheit dieses Mannes leicht vorausgesehen, daß nur dieser eine und einzigste Weg zum Heile des Gemeinwesens führe, wenn Gleichheit des Besitzes herrsche; diese kann aber dort nicht bestehen, wo die einzelnen Dinge im Privatbesitz sind.«[95] Raphael nennt auch das korrespondierende Gegenteil zum Privateigentum: Gleichheit.

Beides hängt eng zusammen. Eine ungerechte Eigentumsverteilung führt nämlich nicht nur zum Reichtum einiger weniger und zu Not und Armut der meisten anderen; sie belohnt auch die Betrüger und Räuber mit hohen Ämtern und gibt die Menschen, die sich dem Gemeinwohl verpflichtet fühlen, der Unterjochung preis. Kurz: Eine ungerechte Eigentumsverteilung bedingt eine ungerechte soziale und also moralische Ordnung.[96]

Morus wendet sich sowohl gegen die Idee der Gütergemeinschaft als auch gegen die der sozialen Gleichheit. Gegen den Vorschlag der Gütergemeinschaft führt er gleich zwei Argumente ins Feld: 1. Eine Gesellschaft, in der Gütergemeinschaft herrscht, kann weder sich selbst noch ihren Frieden erhalten: »Denn wer nicht einen persönlichen Grund zum Erwerb hat, der ihn anspornt, der wird, indem er sich auf fremden Fleiß verläßt, träge.«[97] Ohne eine staatliche Eigentumsgarantie hingegen wird ein jeder selbst um den Erhalt des von ihm Erworbenen kämpfen. 2. Die Verwirklichung der sozialen Gleichheit, so *Morus*, sei schließlich ebenfalls nicht wünschenswert, da mit dieser die Quelle von »Autorität und die Ehrfurcht vor derselben«[98] verlorengehe und damit die Grundlagen der staatlichen Ordnung gefährdet seien.

Raphael schiebt diese Einwände *Morus'* beiseite, da er ja nach seiner Reise zu den Utopiern den »empirischen Beweis« in Händen hält, daß eine solche Ordnung in der Tat realisierbar ist. Er beläßt es jedoch nicht bei diesem ironischen »Gegenargument«. Im weiteren Verlauf des Gesprächs versucht Raphael, anhand des Beispiels Utopias durchaus rational argumentierend, die von *Morus* vorgetragenen Einwände zu widerlegen, denen zufolge in Gütergemeinschaften »ein Mangel an den notwendigen Erzeugnissen entstehen müsse«[99] (was nach der Auffassung *Morus'* in Utopia um so mehr der Fall sein müsse, da dort nur sechs Stunden am Tag gearbeitet wird).

Raphael vergleicht, um diese Frage zu erörtern, die Gesellschaft der Utopier mit der englischen und kommt zu dem Ergebnis: 1. Während in Utopia ein jeder, mit nur wenigen Ausnahmen, seinen Teil an der gemeinsamen Arbeit leisten muß, finden sich in England zahlreiche Personen, die aufgrund ihres Geschlechts (Frauen), ihres Privatbesitzes und ihres Standes (Adel und Klerus) selbst nicht arbeiten müssen, von den Reichen erhalten werden (Diener, Gefolge) oder aber sich schlichtweg vor der Arbeit drücken (arbeitsfähige Bettler). 2. Die Utopier können auf die Herstellung von Luxusgütern verzichten, da ihre Versorgung mit lebensnotwendigen Dingen durch die Gütergemeinschaft gesichert und das Streben, sich gegenüber den anderen durch das Zurschaustellen von Luxusgütern hervorzutun, durch die Gewährleistung der sozialen Gleichheit gegenstandslos ist. Dies unterscheide Utopia ebenfalls vom zeitgenössischen England: »Wo Geld der Maßstab aller Dinge ist, da müssen viel eitle und überflüssige Künste betrieben werden, die nur dem Luxus und den Lüsten dienen.«[100] Mit dem Verzicht auf die Herstellung dieser Güter entfällt deren aufwendige Instandhaltung. Und soweit Arbeit für den Erhalt von Häusern, Straßen und ähnlichem vonnöten ist, sei sie gemeinschaftlich schneller und besser zu leisten.

Zusammenfassend: Die Arbeit, die zur Selbsterhaltung nötig ist, wird auf mehrere Gruppen verteilt; die Arbeit, die über das für die Selbsterhaltung nötige Maß hinausgehen würde, wird eingestellt, da eine Nachfrage nach diesen Produkten nicht mehr vorhanden ist. Die zu leistende Arbeit nimmt also relativ (für den einzelnen) und absolut (für alle zusammen) gesehen ab.

Diese wenigen Arbeiten müssen nun alle erledigen. Von der Arbeitspflicht ausgenommen sind lediglich die etwa zweihundert Syphogranten und »diejenigen, welchen das Volk zufolge der Empfehlung der Priester und den geheimen Abstimmungen der Syphogranten zum Studium der Wissenschaften lebenslängliche Befreiung gewährt«[101]. Diese Freistellung ist jedoch nicht unbedingt; ein müßiger Gelehrter kann sie verlieren, ein in den Wissenschaften fleißiger Handwerker kann sie erwerben. Sie ist zudem an die Arbeit aller anderen gebunden, da diese zu deren Erhaltung dient und die entsprechenden Voraussetzungen schafft. Die Grundlage aber bildet die Gütergemeinschaft.[102] Diese soziale Ordnung ist die Voraussetzung der Gerechtigkeit.

Gerechtigkeit ist nicht in den Gesetzen und im Rechtsvollzug zu finden, sie liegt in der Struktur, also den Bedingungen der Ordnung. Ähnlich wie Platon in *Politeia* schätzen die Utopier die Wirksamkeit und Sinnhaftigkeit von Gesetzen gering ein: »Gesetze gibt es nur sehr wenige, aber bei ihren vortrefflichen Einrichtungen genügen diese auch. Denn was sie bei andern Völkern hauptsächlich tadeln, das ist, daß sich unzählige Folianten von Gesetzen und Kommentaren derselben immer noch als unzulänglich erweisen.«[103] Aufgrund der geringen Zahl von Gesetzen, die jedem Utopier bekannt sind, bedürfen sie keines besonders ausgebildeten Berufsstands, um sich vor Gericht zu verteidigen: »[D]aher sind die Advokaten, welche einen Rechtsfall arglistig behandeln und über die Gesetze verschmitzt disputieren, bei ihnen sämtlich ausgeschlossen, denn sie halten es für ratsamer, daß jeder seine Sache selbst führe und dem Richter direkt mitteile, was er einem Rechtsbeistand sagen würde.« Der Rechtsgelehrte Morus kritisiert die Kollegen seines Fachs.

Abgesehen von strafrechtlichen Regelungen verfügen die Utopier nur über wenige Gesetze im engeren Sinne. Die Erhaltung der Ordnung wird durch die Ausübung von sozialem Druck gewährleistet. So beschränkt sich das Ehe- und Familienrecht weitgehend auf eine grundlegende Bestimmung: Frauen und Kinder sind der Jurisdiktion ihrer Ehemänner beziehungsweise Väter unterstellt. »Der Älteste steht [...] der Familie vor. Die Gattinnen dienen den Ehemännern, die Kinder den Eltern, überhaupt die Jüngeren den Älteren.«[104] Es ist dies eine strenge hierarchische und patriarchalische Sozialordnung. Morus, der in jungen Jahren die von Platon in seiner *Politeia* vorgeschlagene »Weiber- und Kindergemeinschaft« befürwortet haben soll, legt der Familie in Utopia das Prinzip der Monogamie zugrunde. Vor der Eheschließung sichert ein nüchternen Überlegungen folgendes Ritual, daß nicht schon bald nach der Hochzeit Reue aufkommt: »Eine gesetzte und ehrbare Matrone zeigt die zu Verheiratende, sei diese nun Jungfrau oder Witwe, völlig nackt dem sich um sie Bewerbenden, und ein ehrenwerter Mann zeigt umgekehrt den völlig nackten Werber dem Mädchen.«[105] Damit ist der Rationalität Genüge getan. Jeder weiß, was er »kauft«. Auch das im normalen Leben Verhüllte offenbart sich.

Besonders deutlich wird das Primat des Gemeinwohls am Umgang der Utopier mit Kranken und Sterbenden: Raphael hebt wiederholt die große Bedeutung der Krankenpflege hervor. Den unheilbar Kranken, die der Gemeinschaft nicht mehr von Nutzen sind, wird nahegelegt, sich von ihren Schmerzen erlösen zu lassen. »Gegen seinen Willen wird keinem das Leben entzogen, aber man erweist ihm darum um nichts weniger Liebesdienste; nur wird es denen, die in der so erlangten Überzeugung sterben, als besonders ehrenvoll angerechnet.«[106] Die Billigung der Sterbehilfe bedeutet jedoch nicht zugleich eine prinzipielle Billigung des Suizids: »Wenn sich dagegen einer aus einem von den Priestern und vom Senate nicht gebilligten Grunde das Leben nimmt, so wird er weder eines Begräbnisses, noch der Feuerbestattung gewürdigt, sondern sein Leichnam wird irgendwo in einen Sumpf geworfen und schimpflich unbegraben gelassen.«[107] Der arbeitsunfähige Kranke belastet die Gemeinschaft ebenso wie der arbeitsfähige Selbstmörder. Die Sichtweise ist auch hier streng kollektivistisch.

Die Beseitigung des Privateigentums hat auch einen weiteren höchst interessanten Nebeneffekt: Einmal erfolgt, ändert sich die Haltung gegenüber dem bisher sehr Geschätzten. Raphael erörtert, daß der Wert des – aus Gold und Silber hergestellten – Geldes allein von deren Seltenheit abhängt, diese Edelmetalle allerdings nur einen geringen Gebrauchswert haben: »Denn ohne dieses [das Eisen] können die Menschen doch wahrhaftig ebensowenig leben, wie ohne Feuer und Wasser, während die Natur dem Gold und Silber keinen Gebrauch verliehen hat, dessen wir nicht leicht entraten könnten, und es nur die Torheit der Menschen ist, die der Seltenheit einen so hohen Wert beigelegt hat.«[108] In einer Gütergemeinschaft aber verlieren Gold und Silber ihren Wert als Tauschmittel, während der Gebrauchswert von Eisen an Bedeutung gewinnt.

Gold und Silber, diese Insignien der Edlen, Reichen und Mächtigen, werden bei den Utopiern daher für »niedere« Zwecke verwendet – für Nachttöpfe, die Ketten der Sklaven und zur Stigmatisierung der Ehrlosen: »Endlich werden allen denen, die durch ein Verbrechen ehrlos geworden sind, goldene Ringe in die Ohren gehängt, goldene Fingerringe angesteckt, eine goldene Kette um den Hals getan, und um den Kopf wird ihnen eine goldene Schnur gebunden.«[109] Der größte Schurke der Utopier gleicht also dem König Englands. Gold und Silber erfüllen jedoch noch einen zweiten Zweck: Sie ermöglichen den Utopiern ihre (rationale) Außen- und Kriegspolitik. Nur als solche sind sie erstrebenswert.

Damit ist es aber noch nicht getan. Die Abschaffung des Privateigentums erfordert ein grundlegendes Umdenken, eine neue Sicht von Arbeit und ein grundsätzlich asketisches Leben.

Die Voraussetzungen zur Erhaltung der Ordnung: Arbeit und Askese

Die Gesetze und Verhaltensregeln, die das Leben der Utopier ordnen, stellen den Versuch dar, eine staatliche Ordnung nach klösterlichem Vorbild zu gestalten. Nur im Rahmen einer solchen (klösterlichen) Ordnung gelang es bisher, das Privateigentum aufzuheben und durch Gütergemeinschaft zu ersetzen. Die Voraussetzungen einer solchen klösterlichen Ordnung sind daher zu berücksichtigen. Morus hat dies auch – Utopia beschreibend – entsprechend formuliert: »Die Organisation dieses Staatswesens hat vor allem diesen einen Zweck vor Augen, alle Zeit, soweit es die Arbeiten für die Bedürfnisse der Gesamtheit erlauben, den Bürgern zur Abstreifung der Knechtschaft des Leibes und zur Befreiung und Ausbildung des Geistes zugute kommen zu lassen. Denn darin sehen sie das wahre Glück des Lebens.«[110] Die Arbeit soll die Menschen von ihren Bedürfnissen befreien: einmal indem sie ihnen ihren Lebensunterhalt sichert und sie von aller materiellen Not befreit, zum anderen aber auch indem sie ihnen das Verlangen nach Besitz (Unterscheidung von anderen) nimmt, sie also zu vollständig vernünftigen, im Einklang mit der göttlichen Ordnung lebenden Menschen macht.

Im einzelnen soll dieser Zweck wie in einer klösterlichen

Gemeinschaft durch eine Reihe von Regeln erreicht werden. Die wichtigsten Regeln beziehen sich auf die Arbeit, denn der Mensch verwirklicht sich in und durch seine Arbeit. Die Vorschriften reflektieren dies: Es besteht Arbeitspflicht; eine Arbeitsteilung – die dem Arbeitenden den Sinn seiner Tätigkeit verschleiern könnte – gibt es nur in bedingtem Maße. Alle Utopier sind zeitweilig in der Landwirtschaft tätig. Die Arbeit auf dem Land gilt als die Basis der Arbeitswelt. Daneben ist jeder Mann und jede Frau verpflichtet, mindestens ein Handwerk zu erlernen. Die Auswahl beschränkt sich dabei jedoch auf die Handwerkstätigkeiten, die zur Befriedigung der menschlichen Grundbedürfnisse unabdingbar sind. Der Arbeit kommt ein Wert an sich zu, d. h., sie ordnet das Leben; und sie hat einen Wert für die Menschen, weil sie ihnen ihren Lebensunterhalt sichert. Darüber hinaus – etwa zur Befriedigung von Ehrgeiz oder um ein Leben unterschieden von den anderen zu führen – kommt ihr jedoch keine Bedeutung zu.

Die Vorstellungen dieser Arbeitsgesellschaft treten auch nach außen in Erscheinung. So besteht beispielsweise eine strikte Kleiderordnung (wie ja auch in den Klöstern), welche die Gleichheit der Utopier betont und dem Luxus Einhalt zu gebieten sucht: »Der Schnitt der Kleider ist, abgesehen davon, daß die Geschlechter voneinander und der ledige Stand von den verheirateten unterschieden sind, derselbe für die ganze Insel.«[111] Unstatthaft ist auch anderes den Menschen schmückendes Beiwerk: »Wie sie es für das Gebaren eines lässigen und trägen Menschen halten, die natürliche Schönheit nicht zu pflegen, so gilt es ihnen als eine ehrlose Unverschämtheit, Zuflucht zu der Schminke zu nehmen.«[112] Der Körper verdient Beachtung, aber nur im Maß des (körperlichen) Erfordernisses.

Der Tagesablauf der Utopier ist ebenfalls streng geregelt. Dank ihrer Bedürfnislosigkeit müssen sie, über den Tag verteilt, lediglich sechs Stunden ihrer jeweiligen Arbeit nachgehen; Müßiggang ist jedoch verpönt. Aufgabe der Syphogranten ist es daher, »dafür zu sorgen und vorzusehen, daß nicht jemand dem Müßiggange nachhänge, sondern jeder seinem Handwerke emsig obliege«[113]. Die restlichen Stunden des Tages stehen den Utopiern zwar zur »freien Verfügung«; sie nutzen diese Zeit allerdings, um weitere Fertigkeiten zu erwerben, freiwillig zu arbeiten oder aber sich den Wissenschaften zu widmen. Die Mahlzeiten werden gemeinsam eingenommen. »Jede Mittags-, ebenso wie die Abendmahlzeit wird mit einer moralischen Vorlesung eingeleitet, die aber kurz ist, damit sie nicht Überdruß erweckt.«[114] Nach dem Abendessen verbringen sie eine Stunde im Garten oder in den gemeinsamen Speisesälen mit Musik oder Gesprächen. Andere Arten zweckfreien Zeitvertreibs hingegen sind verpönt: »Das Würfelspiel und derartige alberne und verderbliche Spiele kennen sie nicht.«[115] Reisen sind zwar unter bestimmten Umständen erlaubt, dürfen jedoch nicht als Vorwand für das Nichtstun dienen: »Wenn einer an einem Orte sich länger als einen Tag aufhält, so nimmt er die Arbeit in seinem Handwerk auf und wird von seinen Zunftgenossen auf's zuvorkommendste behandelt.«[116]

Wie ist dieser Gesellschaftsentwurf letztlich zu verstehen? Die Geister scheiden sich schon an der Frage, welche Position als diejenige des Autors Morus zu interpretieren sei. Je nachdem ob man in Raphael oder in seinem Dialogpartner *Morus* das Sprachrohr des Autors zu erkennen glaubt oder aber die Argumente beider oder – auch diese Ansicht wurde vertreten – von keinem von beiden für Morus' eigene hält, gelangt man zu unterschiedlichen Interpretationen. Wenn man Raphaels Schilderung des utopischen Ideals für bedenkenswert erachtet, lautet die zweite Frage, welcher Tradition Morus' Denken entspringt. Die Antworten sind zahlreich und kontrovers: Morus' »utopisches

Ideal« wird als Ausdruck einer rückwärtsgewandten Sehnsucht nach der bereits zerfallenden mittelalterlichen korporatistischen Ordnung und einem mönchischen Leben gedeutet, als Illustration der von Erasmus geforderten wahren humanistisch-christlichen Lebensführung oder als Reaktion auf frühkapitalistische Entwicklungen und Vorbote der sozialistischen Utopien des 19. und 20. Jahrhunderts.

Morus' Reduktion menschlicher Bedürfnisse auf Arbeit und Askese mutet zweifelsohne klösterlich an. Es bedarf zur Bekräftigung dieses Arguments keines gesonderten Belegs; schon ein kurzer Blick in einige Ordensregeln genügt, um die Parallelität aufzuzeigen. So gilt bei den Benediktinern das Gebot, in Gemeinschaft zu leben, denn die »tüchtigste Art« – so heißt es lapidar – lebt im Kloster und dient »unter Regel und Abt«[117]. Aus der ursprünglichen Lehre Christi wird auch die Gütergemeinschaft abgeleitet: »Alles sei allen gemeinsam, wie es in der Schrift heißt, so daß keiner etwas sein Eigentum nennt oder es als solches beansprucht.«[118] Der Tagesablauf im Kloster ist genau geregelt: »Müßiggang ist der Feind der Seele. Deshalb sollen sich die Brüder zu bestimmten Zeiten mit Handarbeit, zu bestimmten Stunden dagegen mit heiliger Lesung beschäftigen.« Von besonderer Bedeutung ist die Askese. Dementsprechend finden sich in den »Instrumenten der guten Werke«[119] unter anderem folgende Anforderungen: den »Leib in Zucht halten./ Nicht das suchen, was den Sinnen schmeichelt./ Das Fasten lieben«; »Kein Trinker und/ kein großer Esser sein./ Nicht dem Schlaf ergeben./ Kein Faulenzer [...] sein«; »Das Begehren des Fleisches nicht befriedigen. [...] Die Keuschheit lieben.« Eine Reihe von Geboten regelt die Ordnung und Hierarchie der Gemeinschaft. Der für ein Amt Berufene ist den anderen lediglich in seiner Eigenschaft als Funktionsträger übergeordnet: »Ein Abt, der würdig ist, ein Kloster zu leiten, muß immer den Titel bedenken, mit dem er angeredet wird, und muß der Bezeichnung ›Oberer‹ durch seine Taten gerecht werden.«[120] Die Bezüge zu Morus' Utopia sind offensichtlich, sie bedürfen keines weiteren Kommentars.

In einem solchen Sinne interpretiert auch R.W. Chambers *Utopia*[121]; er bestreitet, daß Morus in dem letztlich heidnischen Gemeinwesen der Utopier überhaupt ein Ideal für das christliche Europa sehen konnte. Morus greife lediglich auf ein mittelalterliches Argument zurück: In der mittelalterlichen Vorstellung seien die vier der Erkenntnis der Vernunft zugänglichen Kardinaltugenden (Weisheit, Tapferkeit, Mäßigung und Gerechtigkeit) durchaus ausreichend, um ein vorbildliches weltliches Leben zu führen. Morus benutze seine Darstellung Utopias lediglich, um die *politische* Ordnung des christlichen Europa zu kritisieren, das nicht einmal heidnischen Standards genüge. *Utopia* sei vornehmlich als Reaktion auf die Entwicklungen um das Jahr 1516 zu verstehen – als Protest gegen das neuzeitliche autokratische Fürstentum, die neuen Wirtschaftsformen und die Angriffe auf die Glaubensinhalte und Institutionen der Kirche. Mithin vertrete Morus, die mittelalterliche (kirchliche) Ordnung verteidigend, stets eine konservative Haltung.[122]

Gegen eine solche Interpretation *Utopias* als Werk eines Apologeten der mittelalterlichen Ordnung wenden sich beispielsweise Quentin Skinner und J. H. Hexter.[123] Die Grundlinie ihrer Argumentation und Interpretation ist jedoch eine jeweils andere: J. H. Hexter ordnet Morus' Staatsideal dem (nordeuropäischen) christlichen Humanismus und Erasmus als dessen wichtigstem Vertreter zu.[124] Hexter zufolge hat Morus in *Utopia* tatsächlich beabsichtigt, *die* ideale christliche Gesellschaft zu entwerfen. Gerade in den Jahren um 1515/16 habe er dem Denken Erasmus' sehr nahegestanden und dessen erste Übertragung des Neuen Testaments ins Lateinische sowie das humanistische Studium in einer Reihe von Briefen aktiv verteidigt. Die Anwendung der

Methoden der humanistischen Rhetorik und Philologie auf das Neue Testament zeigten Erasmus, daß das Denken der Scholastik und die Tradition der Kirche die wahre christliche Lehre korrumpiert hatten, indem sie versuchten, die Lehre Christi mit der aristotelischen Schulphilosophie und dem römischen Recht in Einklang zu bringen. Erasmus habe jedoch gesehen, daß die richtige Antwort auf seine Frage, was den wahren Christenmenschen ausmache, bereits greifbar nahe war: Das wahre Christentum liege in einer sich auf die unverderbte Lehre Christi und sein Vorbild stützenden christlichen Lebensführung. Auch Morus unterscheide in Anlehnung an Erasmus nicht zwischen heidnischen und christlichen Tugenden, sondern mache allein die wahrhaftig christliche Lebensführung zum Maßstab seiner Bewertung. Seine Utopier, die in dem ihnen von Raphael verkündeten Christentum wenig Neues, sondern vielmehr ihre eigenen religiösen Überzeugungen entdecken, seien in der Tat Morus' Ideal. Die Frage, wer eine solche Gemeinschaft leiten solle, habe Morus ebenfalls beantwortet: Er selbst und seine christlich-humanistisch gesinnten Freunde sollten die Führung in dem idealen Staatswesen übernehmen.

Eine solche Interpretation wirft eine Reihe von Fragen auf. In diesem Zusammenhang mag es erhellend sein, ein Beispiel für die »Variation« des mönchischen Lebens zum Vergleich heranzuziehen, das der französische Humanist und Benediktinermönch François Rabelais in seiner 1534 veröffentlichten Erzählung *Gargantua* darbietet. Dort erzählt Rabelais: Zum Dank für seine tatkräftige Mitwirkung in einer Schlacht erfüllt der Riese Gargantua einem Mönch die Bitte, ein Kloster nach dessen ganz eigenen Vorstellungen einzurichten. Das Grundprinzip der dortigen Ordnung ist die Umkehrung aller üblichen Regeln des klösterlichen Lebens. Das Gelübde zu Keuschheit, Armut und Gehorsam wird ersetzt durch ein Recht auf Ehe, Reichtum und

Freiheit. Die (einzige) Ordensregel der Abtei Thelema[125], »Tu, was Dir gefällt!«, ist Ausdruck des nahezu schrankenlosen Optimismus der Humanisten in bezug auf die Freiheit des menschlichen Willens:

»Denn freie Menschen von edler Geburt, guten Kenntnissen und in achtbarer Gesellschaft aufgewachsen, tragen von Natur einen Trieb und Stachel in sich, tugendhaft zu handeln und das Laster zu fliehen, welchen Trieb man Ehre nennt; wenn aber Gewalt und Zwang sie niederdrücken und knechten, so wird dieser freie und edle Hang zur Tugend in die Begierde verwandelt werden, das Joch der Dienstbarkeit abzuschütteln und zu zerbrechen. Denn immer treibt es uns, das Verbotene zu tun, und wir streben nach dem, was uns vorenthalten wird. Diese Freiheit feuerte sie zu löblichem Wetteifer an, nur immer das zu tun, was den anderen angenehm war.«[126]

Thelema ist wie Utopia – und man darf davon ausgehen, daß Rabelais Morus' Werk kannte[127] – ein Entwurf für die Verwirklichung eines glücklichen Lebens in Gemeinschaft. In Thelema handelt jeder im Einklang mit dem Willen der anderen. Mehr noch: Der Antagonismus zwischen (menschlicher) Natur und (göttlichem) Gesetz ist aufgehoben. Die anthropologische Grundannahme, die ein solch harmonisches menschliches Zusammenleben überhaupt erst denkbar macht, ist der Glaube an die Perfektibilität des Menschen (Pico della Mirandola). Dies ist jedoch nur in einer radikal aristokratischen Form möglich: In Thelema verbinden sich die Ideale der humanistischen Gelehrsamkeit und der mittelalterlichen Ritterlichkeit zu einem neuen Gesinnungsadel. Die Armen, Kranken und Ungebildeten bleiben außen vor. Eine solche hedonistische Ordnung bedarf keiner Regeln und Gewalt zu ihrer Erhaltung. Anders Utopia: Dort verbinden sich die christlichen und humanistischen Vorstellungen des Zusammenlebens von Menschen. Morus zwang die beiden

Grundlagen – Hedonismus und göttliche Ordnung – mittels der Vernunft zusammen. Seine christlich motivierte Skepsis hinsichtlich der Fähigkeit des Menschen, sich gänzlich selbständig zu vervollkommnen, läßt ihn zu wohl »realistischeren« Schlüssen kommen.

Gegen die Interpretation *Utopias* als mittelalterliches Werk sprechen laut Quentin Skinner auch die humanistischen Ideen des Werkes: Morus' Befürwortung der Fürstenberatung und die Erörterung der damit verbundenen Schwierigkeiten, die Hervorhebung der Rolle von Tugend und Gerechtigkeit sowie die herausgehobene Stellung der »studia humanitatis« seien wesentlich Ausdruck seiner Verwurzelung im humanistischen Denken. Aber auch Hexters Interpretation sei nicht haltbar, wenn man nicht nur Raphael, sondern auch seinem Gesprächspartner *Morus* Recht widerfahren läßt: *Utopia* sei »the most radical critique of humanism written by a humanist«[128]. Morus habe seine Überlegungen bei demselben Ausgangspunkt begonnen wie seine humanistischen Zeitgenossen, das Problem jedoch stringent zu Ende gedacht: Die Ideen seiner humanistischen Zeitgenossen seien nicht radikal genug, da sie ihre Schriften und Ratschläge – wie noch Erasmus – nach wie vor an die Fürsten richten und darauf vertrauen, die Regierenden in ihrem Sinne beeinflussen zu können. Die Errichtung eines optimalen Staates habe jedoch nur dann eine Chance auf Erfolg, wenn die überkommenen Herrschaftsstrukturen vollkommen zerstört, mithin alle sozialen Hierarchien abgebaut und das Privateigentum abgeschafft würden. Dagegen spricht nun aber die Tatsache, daß der Verzicht auf die äußeren Symbole der Macht, auf Glanz und Prunk, für das einfache Volk nicht vermittelbar ist: Der Fürst würde seine Autorität einbüßen. Angesichts dieses Widerspruchs bleibe dem Autor Morus lediglich die Ironie der Verzweiflung. Ein interessanter Gedanke, auf den zurückzukommen sein wird.

Morus' Radikalität bedarf an dieser Stelle einer Verdeutlichung: Die Gesellschaft Utopias ist in der Tat eine kommunistische Gesellschaft. Mit Bewunderung oder Abscheu wurde dies immer wieder festgestellt. Diese heute seltsam anmutende Rezeption von Morus' *Utopia* als sozialistische Utopie avant la lettre vermag Beatrice Webbs Beschreibung des stalinistischen Sowjetrußlands erhellen, das die Sozialistin von Mai bis Juli 1932 zusammen mit ihrem Mann Sidney besucht hat. Nicht so sehr in der Realität – diese mag sich Beatrice und Sidney Webb nicht immer erschlossen haben –, sondern in den Vorstellungen der beiden begegnen wir Morus' Utopia.[129]

Waren die Webbs in den Jahren vor ihrer Reise als überzeugte Antibolschewisten aufgetreten, so wandelten sie sich unter dem Eindruck der Weltwirtschaftskrise sowie des drohenden Faschismus in Deutschland und Italien zu begeisterten Anhängern des sowjetischen Experiments. Trotz aller »dunklen Seiten« des Stalinismus sahen die Webbs im sowjetischen Kommunismus den einzig nachahmenswerten Gesellschaftsentwurf. Beatrice Webbs Verständnis von dieser Idee des Kommunismus – wohl weniger von der sowjetrussischen Realität – kommt den Vorstellungen Morus' in *Utopia* nahe. Es war vor allem die vermeintlich »spirituelle Dimension« des Sowjetstaates, die Beatrice Webb ansprach. Es ging nicht nur um eine bloße staatliche Ordnung, sondern um eine der Religion vergleichbare moralische und geistige Führung: »Diese Geistige Macht kennt keine Grenzen; sie beansprucht, wie die Römische Kirche, eine Welt-Macht zu sein und hält ihre Arme für alle Völker geöffnet, die gewillt sind, sich ihrer Weltanschauung anzuschließen und sich ihrer Disziplin zu beugen.«[130] Die Ähnlichkeiten sind offensichtlich: Das politische System verleiht dem Leben eine sinngebende Ordnung. Die moralischen Maßstäbe müssen für alle Lebensbereiche einheitlich sein. Der Antagonismus zwischen weltlichem und religiösem Leben wird überwunden: »Der Bürger handelt in seiner Fabrik oder auf dem Hof nach den gleichen Wertmaßstäben wie in seiner Familie, bei seinen Vergnügungen oder am Wahltag.«[131] Soweit zur Grundlage der Ordnung.

Welche Kräfte sollen eine solche Ordnung herbeiführen? Bedarf es dazu nicht – im Entwurf des Humanisten Morus wie später bei Lenin – einer Avantgarde, die als Beispiel dient und zugleich die Maßstäbe der neuen Ordnung setzt? Für die christlichen Gesellschaften waren dies die Orden. Und auch Webb vergleicht, die Ähnlichkeiten erkennend, die Aufgabe und Organisation der kommunistischen Partei mit der eines religiösen Ordens: Sie konstatiert in Sowjetrußland »das Vorhandensein eines religiösen Ordens als dominanter und entscheidender Kraft der Kommunistischen Partei mit ihrer strengen Disziplin und ihren Gehorsamkeits- und Arbeitsgelübden. Obwohl Keuschheit nicht verlangt wird, wird doch von Kommunisten erwartet, daß sie sich in der persönlichen Lebensführung puritanisch verhalten und weder Energie noch Zeit oder Gesundheit an Sex, Essen oder Trinken verschwenden. [...] Es ist die Erfindung eines religiösen Ordens als entscheidendem Faktor im Leben einer großen Nation, der mich zu Rußland hinzieht.«[132]

Es handelt sich hier nicht um eine Rezeption Morus'! Beatrice Webb beschrieb, was sie in der Sowjetunion vorgefunden hatte. In der Tat sind die Ähnlichkeiten in Morus' Darstellung Utopias und in Beatrice Webbs idealisiertem Bild der Sowjetunion frappierend: Bis hin zur Beschreibung der Askese, der Einstellung zur Sexualität und der grundlegenden Bedeutung von Arbeit zeigen sich Parallelen. Bis heute[133] wird Thomas Morus in Zusammenhang mit dem Terror des Kommunismus gebracht. Es gibt in der Tat Gemeinsamkeiten.

Der »Kommunismus« Morus' entspringt seinen religiösen Überzeugungen. Von besonderer Bedeutung für den Gelehrten ist das Verhältnis von Religion und Philosophie. Morus faßt in seiner Analyse dieses Verhältnisses die bisherigen Überlegungen zusammen und begründet sie. Die Utopier beschäftigen sich im wesentlichen mit denselben philosophischen Fragen wie die Völker der Alten Welt. Sie widmen sich der Musik, der Dialektik, Arithmetik und Geometrie. Astrologie sowie bestimmte Regeln der Logik und Dialektik kennen sie nicht: »Wenn sie aber den Alten fast in allen Dingen gleichkommen, so stehen sie in der Dialektik den Erfindungen der Neueren weit nach. Denn sie haben keine jener Regeln erfunden, die über Einschränkungen, Erweiterungen und Unterschiebungen in den Anfangsgründen der Logik höchst scharfsinnig ausgedacht worden sind und die schon unsere Knaben lernen.«[134]

Wichtiger als die Naturphilosophie ist für Raphael die Ethik und die mit dieser eng zusammenhängende Theologie. Hier entwirft nun Morus eine – bedenkt man seine religiösen und philosophischen Grundanschauungen – recht seltsam anmutende Philosophie beziehungsweise Religionsphilosophie. Sein Ausgangspunkt ist wie bei der Darstellung der Wissenschaft die Behauptung, daß die Utopier Grundüberzeugungen teilen, ähnlich jenen, die in der europäischen Antike entwickelt wurden und in der christlichen Philosophie fortwirken. Dies gilt gerade auch für die Ethik: »In jenem Teil der Philosophie, welcher von der Tugend und den Sitten handelt, stimmen ihre Ansichten und Vernunftgründe mit den unseren überein. Strittig ist ihnen die Frage über die Güter der Seele und des Leibes und die Glücksgüter, ob allen diesen, oder nur den seelischen Gaben der Name ›Gut‹ zukomme.«[135] Diese Differenz der Anschauungen – letztlich die Frage, ob neben der Kontemplation (die den Gütern der Seele dient) auch der Befriedigung anderer menschlicher Bedürfnisse ein Wert zukommt – wird von Morus im Zusammenwirken der utopischen Philosophie mit der utopischen Religion aufgehoben. Die wichtigste Frage der utopischen Philosophie lautet: Worin besteht die Glückseligkeit der Menschen? Diese aristotelisch anmutende Frage wird nun umfassend beantwortet. Zuerst in einem an Epikur gemahnenden Sinn.

Die Utopier suchen nach dem menschlichen Glück vorwiegend im Vergnügen. Diese Vorstellung des epikureischen Lebensstils der Völker der Neuen Welt geht wahrscheinlich auf die Reisebeschreibungen Amerigo Vespuccis zurück. Epikurs Lehre – wie sie Morus hier wohl versteht – sucht den Menschen von der Furcht vor unerklärlichen und unheimlichen Naturerscheinungen zu befreien, die sie durch mißgünstige Gottheiten zu erklären versuchen. Der Mensch soll sein Leben angenehm gestalten. Dies bedeutet jedoch nicht, daß er sich wilden Ausschweifungen hingeben soll. Zu einem ausgeglichenen Gemüt gehört auch eine weise Beschränkung im Suchen von Vergnügungen. Erst eine gewisse vernünftige Mäßigung ermöglicht dem Menschen ein Leben der Lust. Dieser Epikureismus reicht Morus allerdings nicht aus, er bedarf der Ergänzung durch die Religion. Die Utopier verbinden die beiden Betrachtungsweisen: »[D]ie Bekräftigung dieser ihrer etwas epikureischen, weichlichen Ansicht suchen sie in ihrer doch ernsten und strengen, beinahe düstern, überstrengen Religion.«[136] Die Erkenntnismöglichkeit der menschlichen Vernunft ist beschränkt. Mit ihrer Hilfe allein läßt sich die Fähigkeit zur Glückseligkeit im menschlichen Leben nicht ausreichend umschreiben und nur unzulänglich bestimmen.

Der philosophische Disput muß dies in Rechnung stellen: »Denn sie disputieren nie über die Glückseligkeit, ohne daß sie einige aus der Religion genommene Grundsätze mit der Philosophie, die sich der Gründe bedient, verbinden, denn die Vernunft an sich halten sie ohne diese Grundsätze für unzureichend und zu schwach, das Wesen der wahren Glückseligkeit zu ergründen.« Die von Morus skizzierte Religion oszilliert zunächst zwischen einer deistischen und einer theistischen Position. Das Wesen Gottes wird nicht näher bestimmt, er ist die Ursache der Existenz, sein Wille bleibt aber – da er sich anders als im Christentum nicht offenbart hat – verborgen. Dennoch ist dieser Gott auch Begründung für weitere Annahmen, die nun das menschliche Leben direkt betreffen. Diese religiösen Axiome lauten: »Die Seele ist unsterblich und durch Gottes unendliche Güte zur Glückseligkeit geschaffen; unserer Tugenden und guten Taten harren Belohnungen nach diesem Leben, der Missetaten aber Strafen.« Die Axiome erschließen sich der Vernunft, es bedarf hierzu keiner Offenbarung: »Wenn diese Axiome auch der Religion angehören, so glauben die Utopier doch, daß die Vernunft allein dazu führe, sie zu glauben und zu billigen.« Die mittels der Vernunft erkannten religiösen Grundüberzeugungen wirken wie ein Korrektiv. Sie geben dem Leben ethische Tiefe, sie verhindern einen bloßen Hedonismus.

Würden die Axiome nicht gelten, so müßte man darauf achten, »daß ein geringeres Vergnügen nicht einem größeren hindernd im Wege stehe, oder daß man keinem Vergnügen nachhänge, welches den Schmerz im Gefolge hat. Denn den schwierigen und steilen Pfad der Tugend zu erklimmen, und nicht nur den Annehmlichkeiten des Lebens zu entsagen, sondern freiwillig Schmerzen auf sich zu nehmen [...] das halten sie allerdings für den Gipfelpunkt der Torheit.«[137] Die Vernunft fordert zwar eine hedonistische Grundeinstellung, doch schränkt sie diese gleichzeitig durch die Anerkenntnis religiöser Wahrheiten wieder ein.

Dies führt nun zu einer Klassifizierung von »Vergnügungen«, also Verhaltensweisen, die den Menschen angenehm erscheinen. Das Glück ist gewährleistet, wenn man die richtigen oder »ehrbaren« Vergnügungen wählt.

Ein solchermaßen gestaltetes Leben befindet sich im Einklang mit der Natur. Die Vernunft befähigt also den Menschen, ein tugendhaftes Leben, d.h. ein Leben gemäß der Natur und Gottes Willen, zu führen: »Als Tugend definieren sie nämlich ein Leben gemäß der Natur, dazu seien wir von Gott bestimmt. Derjenige folge dem Zuge der Natur, der in dem, was er begehrt und was er meidet, sich von der Vernunft leiten läßt.«[138] Morus hebt den Widerspruch zwischen den natürlichen Bedürfnissen (die er oft als quälend erfahren hat) und den Geboten Gottes auf. Mittels einer Verschränkung von Natur, religiösen Grundüberzeugungen und Vernunft (als dem Erkenntnismittel) definiert er Tugend und tugendhaftes Leben. Diese Ordnung wird als sinnvoll empfunden. In ihr wird Gott erkannt. Die Vernunft leitet den Menschen also auch zu Liebe und Verehrung Gottes an. Seine zunächst schwankende Position ist nunmehr eindeutig theistisch.

Auf dieser Basis entwickelt Morus nun die Grundzüge einer Ethik, in deren Mittelpunkt das Wohlergehen des Handelnden steht. Die eigenen Bedürfnisse sollen durchaus anerkannt werden: »Es ist doch nicht gesagt, daß du dein eigenes Wohl weniger im Auge haben sollst, als das der andern. Denn wenn die Natur selbst uns auch mahnt und drängt, gegen andere gut zu sein, so befiehlt sie dir andererseits doch auch nicht, gegen dich selbst rauh und barbarisch streng zu verfahren.«[139]

Diese hedonistische Grundlage der Ethik wird eingeschränkt: »Für dein Wohl sorgen, ohne die Gesetze zu verletzen, das ist Weisheit; überdies das allgemeine Wohl fördern, das ist fromme Menschenliebe; andern jedoch ihr Vergnügen entreißen und dem eigenen fröhnen [sic], das ist Unrecht; hingegen dir selbst etwas zu versagen, um es den anderen zuzulegen, das heißt im Sinne der Humanität und edler Güte tätig sein, und beraubt dich nie so vielen Vorteils, als es dir andererseits wieder einbringt.«[140] Die geforderte Ethik wird nun wieder rational – bezogen auf das Interesse des Handelnden – begründet. Letztlich dient auch der Altruismus demjenigen, der ihn zu einer der Maximen seines Handelns macht.

Das Handeln kreist um den Begriff des Vergnügens, nach dem alle Menschen streben – dies hält Morus auch nicht für falsch oder verwerflich. Raphael definiert nun »Vergnügen«. Die Definition beginnt grundlegend, der Ausgangspunkt ist körperliches Wohlbefinden:

»Vergnügen nennen die Utopier jede Bewegung und jeden Zustand des Körpers und der Seele, wobei der Mensch ein natürliches Wohlbehagen empfindet. Nicht ohne Grund fügen sie hinzu, ein Wohlbehagen, wonach die Natur verlangt. Denn so wie nicht nur die Sinne etwas erstreben, sondern auch die normale Vernunft nach dem trachtet, was von Natur angenehm ist, wonach weder durch ein Unrecht gestrebt wird, noch wodurch etwas Angenehmeres verloren geht, worauf auch keine Mühe und Arbeit folgt, so halten sie jene Dinge zur Erlangung der Glückseligkeit für unnütz, welche die Menschen gegen die Ordnung der Natur, einer eitlen Übereinkunft zufolge, für höchst lieblich gelten lassen.«[141]

Diese Definition schließt eine ganze Reihe von menschlichen Verhaltensweisen aus, die man gemeinhin als »vergnüglich« für (zumindest) einen Teil der Handelnden verstehen könnte, etwa Demuts- oder Ehrbezeugungen: »Was für ein natürliches und echtes, wahres Vergnügen bringt es denn ein, den Scheitel eines andern entblößt, oder dessen Knie gebeugt zu sehen?«[142] Vergnügen wird entweder als physiologisch faßbar oder als eine ethische Handlung verstanden. Andere Verhaltensweisen, die ja auch Vergnügen bereiten können, werden ausgeschlossen.

Morus' Phänomenologie der Vergnügungen beruht also auf einer Reihe von Unterscheidungen: »Die Utopier unterscheiden mehrere Arten wahren Vergnügens, und zwar sowohl körperlicher als geistiger Natur. Letzterer Art ist der Verstand und jenes traute Wohlbehagen, welches die Betrachtung der Wahrheit erzeugt. Daran reiht sich die süße Erinnerung an ein musterhaft geführtes Leben und die gewisse Hoffnung auf eine glückliche Zukunft.«[143] Erkenntnis, angenehme Erinnerungen und Hoffnung sind »geistige« Vergnügungen; ihnen treten nun die »körperlichen« Vergnügungen zur Seite: »Die Vergnügen des Körpers teilen sie in zweierlei Arten, deren erstere darin besteht, daß die Sinne mit merkbarem Wohlgefühl durchdrungen werden, was durch Erfrischung jener Organe geschieht, welche durch die innewohnende natürliche Wärme erschöpft worden sind.« Es gibt noch eine zweite, dauerhafter angelegte Variante: »Die zweite Art des körperlichen Vergnügens, behaupten sie, besteht in einem ruhigen, gleichmäßigen Zustande des Körpers, das ist, in der von keinem Übel unterbrochenen Gesundheit jedes Menschen.«[144] Auch hier überwiegt der Gedanke der Zweckmäßigkeit. Gesundheit ist – als ein lange andauernder Zustand der Vergnügungen – das höchste Erlebnis, das der Körper an Wohlbefinden zu geben hat. Essen, Trinken und andere Mittel körperlicher Bedürfnisbefriedigung ordnen sich hier zu.

In dieser Welt kommt der Wissenschaft eine besondere Bedeutung zu, vor allem der Astronomie und der Medizin. Die Utopier erweisen der Wissenschaft eine besondere Wertschätzung; sie gehen davon aus, daß sie den Menschen direkt von Gott gegeben ist und die Wissenschaftler daher in besonderer Weise Gottes Wohlgefallen verdienen: »Sie sind der Meinung, dieser habe nach Art anderer Handwerksmeister den Mechanismus dieser Welt für den Menschen zur Beschauung hingestellt und habe denjenigen lieber, der ein wißbegieriger und eifriger

Betrachter und Bewunderer seines Werkes sei, als denjenigen, der wie ein vernunftloses Tier einen so großartigen und wunderbaren Anblick in geistiger Stumpfheit und unbewegten Herzens gar nicht beachtet.«[145]

Die Wissenschaftler, auch die zukünftigen, werden entsprechend gefördert; sie sind – um ihrer eigentlichen Berufung willen – als einzige von der üblichen Arbeit befreit. Die Wissenschaft dient Gott, sie ist daher Teil der religiösen Grundstruktur der Gesellschaft (wie ja auch in den mittelalterlichen Klöstern der Wissenschaft eine besondere Bedeutung zukam).

Die Religionen der Insel Utopia sind vielfältig, jede Stadt verehrt ihren eigenen Gott – zugrunde liegt dem Ganzen jedoch ein patriarchalischer Theismus. Alle verehrten Gottheiten sind Ausdruck einer Vatergottheit, die das menschliche Leben bestimmt:

»Die Religionen sind nicht nur in allen Teilen der Insel, sondern auch in den einzelnen Städten verschieden, indem in der einen die Sonne, in einer andern der Mond und in wieder einer andern überall ein anderer Planet göttlich verehrt wird. Es gibt Leute, die irgendeinen Menschen, der einst durch Tugend oder Ruhm glänzend hervorragte, nicht nur für einen Gott, sondern für den höchsten Gott überhaupt halten. Aber der weitaus größte und vernünftigste Teil nimmt nichts von all dem, sondern ein göttliches, unbekanntes, ewiges, unendliches, unbegreifliches Wesen an, das über die Fassungskraft des menschlichen Geistes geht und durch das ganze Weltall ergossen ist, nicht durch materielle Größe und Masse, sondern durch seine innewohnende Kraft. Dieses nennen sie Vater, ihm allein schreiben sie den Beginn, das Wachstum, den Fortschritt, die Verwandlungen und das Ende aller Dinge zu, und keinem sonst erweisen sie göttliche Ehren.«[146]

Die Kultusvarianten verändern sich, bewegen sich aber über Zeit alle auf die Verehrung der einen Vatergottheit zu. Regionale Partikularismen weichen nach und nach zurück und mit ihnen der Aberglaube, den Morus besonders ablehnt.

Da Morus die Religion der Utopier als eine Art »prächristlichen« Monotheismus zeichnet, ist es nur konsequent, daß er betont, ein solchermaßen religiös vorgebildetes Volk würde leicht zum Christentum zu bekehren sein: »Als sie aber nachmals von uns den Namen Christi, seine Lehre, seine Sitte, Wunder vernahmen [...], da war es schier nicht zu glauben, mit wie willigem Gemüte auch sie zum Christentum übertraten.«[147] Mission und Bekehrung führen allerdings zu einem Problem anderer Art: Ein neu bekehrter Christ begann mit großem Eifer, den neu erworbenen Glauben zu verteidigen: »Nur ein einziger aus unserer Gemeinde wurde während meiner Anwesenheit auf Utopia verhaftet. Dieser nämlich, ein Neugetaufter, disputierte, obwohl wir es ihm widerrieten, öffentlich mit mehr Eifer als Klugheit über das christliche Glaubensbekenntnis, bis er so in Hitze geraten war, daß er es nicht nur über alle andern erhob, sondern die übrigen auch alle als profan verdammte und ihre Bekenner als Gottlose und Verruchte verlästerte, denen das höllische Feuer ins Gebein fahren solle.«[148]

Die harsche Reaktion der utopischen Behörden findet die Zustimmung des Erzählers. Das grundlegende Gesetz der Insel verlangt Mäßigung auch bei den Versuchen, andere zu den eigenen Ansichten zu bekehren. Missionarischer Eifer führt im allgemeinen zu Auseinandersetzungen und letztlich zum Verlust des Friedens. Der erste Gesetzgeber der Insel hat dies vorausgesehen und die entsprechenden Gesetze erlassen: »Dieses Gesetz hat Utopus nicht nur der Erhaltung des Friedens wegen gegeben, den er unter persönlichem Streit und unversöhnlichem Haß von Grund aus zerstört sah, sondern, weil er auch der Meinung war, daß eine solche Entscheidung im Interesse der Religion selbst gelegen sei, über welche er sich keine vermessenen Ausstellungen erlauben wollte, da er nicht wisse, ob nicht Gott selbst verschiedenartige und vielfache Verehrung wünsche, und dem einen diese, dem andern jene Religion eingebe.«[149] Es überrascht, daß Morus hier so tolerant auftritt.

Die Geschichte der religiösen Toleranz der Utopier ist Ausdruck ihrer Vernunft: Die religiöse Entwicklung verläuft in Richtung auf Erkenntnis der Wahrheit. Das entspricht der Grundüberzeugung der Utopier, die eine (langsame) Durchsetzung der Vernunft für unausweichlich halten. Dies gilt auch für den Bereich der Religion: »Wenn nun höchstens eine Religion die wahre ist, und die andern nichtig und eitel sind, so hat er [Utopos] doch unschwer vorausgesehen (wenn die Sache nur mit Vernunft und Mäßigung behandelt wird), daß die innere Kraft der Wahrheit sich glänzend Bahn brechen werde.«[150]

Das System der Toleranz erfährt allerdings eine gewichtige Einschränkung: »Nur das eine hat er strikt und ernst verboten, daß jemand so tief unter die Würde der menschlichen Natur sinke, daß er des Glaubens sei, die Seele sterbe zugleich mit dem Leibe, oder die Welt werde nur so von ungefähr, ohne höhere Vorsehung, im Getriebe erhalten. Und so glauben sie denn, daß die Laster nach diesem Leben bestraft werden, für die Tugend aber Belohnungen ausgesetzt sind.« Wer immer in einer solch fundamentalen Weise von der Wahrheit abweicht, der muß das gegenüber den meisten Menschen zumindest für sich behalten. Diskussion ist nur in einem bestimmten Rahmen erlaubt, nämlich mit Priestern und weisen Männern, die den Abtrünnigen eventuell wieder auf den rechten Weg bringen können.

Die Rationalität der Utopier versagt es ihnen, abergläubischen Gebräuchen anzuhängen. Für volksreligiöse Elemente hatte Morus nur Spott übrig: »Vogelflug-Wahrsagungen und alle die anderen abergläubischen Wahrsagereien, wie sie bei anderen Völkern hoch im Schwange sind, betreiben sie ganz und gar nicht und verlachen sie nur. Wunder dagegen, die gegen den Lauf der Natur erfolgen und ihn durchkreuzen, halten sie als Beweise und Zeugen der wirkenden Macht der Gottheit in Ehren.«[151] Ein besonderer Dorn im Auge waren Morus die Astrologen, die er auch in einer Reihe von Epigrammen verspottete, darunter dieses: »Alle Sterne offenbaren sich dir, Prophet des Himmels, und sagen voraus, was das zukünftige Schicksal für alle ist. Aber daß deine Frau sich jedem hingibt, dies sagt dir kein Stern, obwohl sie alles sehen, voraus.«[152] Es ließen sich viele Beispiele finden für Morus' harte Haltung gegen pseudoreligiöse Gebräuche und magische Wissenschaften.[153]

Die religiöse Organisation Utopias kennt durchaus einige Vielfalt: Es gibt in Utopia religiöse Gruppierungen, die ähnlich wie Ordensgemeinschaften strukturiert sind. Diese geben sich nicht mit der epikureischen Religion der Inselbewohner zufrieden, d.h. mit der Beschränkung auf »ehrbare Vergnügungen« und den religiösen Überzeugungen als Korrektiv. Sie wollen mehr. Die Anhänger dieser Gruppierungen verpflichten sich dazu, den Sklaven gleich, mehr und schwerere Arbeiten als alle anderen zu verrichten: »[D]em Müßiggange sind sie nicht ergeben, sondern sie glauben die Seligkeit im Jenseits nur durch rege Tätigkeit und gute Werke zu verdienen.«[154] Die Mitglieder dieser Gruppe stehen aufgrund ihres Arbeitseifers in hohem Ansehen bei den Utopiern. Innerhalb der Gruppe gibt es zwei Orden. Die Anhänger des einen pflegen einen enthaltsamen Lebensstil; sie verzichten auf Ehe und den Genuß tierischer Nahrung. Die anderen arbeiten nicht weniger hart, treten jedoch in den Ehestand und üben keine Askese. »Diese halten die Utopier für die Klügeren, jene für die Frömmeren.«[155]

Die Priester[156] unterscheiden sich vom Klerus der Tudor-Zeit vor allem in zwei Punkten, die später von den Reformatoren verwirklicht werden sollten: Sie werden »vom Volke gewählt, und zwar nach Maßgabe der anderen Obrigkeiten, in geheimer Abstimmung, um Gunst und Gehässigkeit zu vermeiden«[157].

Und es existiert kein Zölibat. Auch den Frauen ist der Zugang zum Priesteramt nicht grundsätzlich verwehrt, »wenn die Wahl auch selten auf sie fällt, wie denn auch nur Witwen und alte Frauen gewählt werden«[158]. Doch – und hier zeigt sich Morus, wie später als Lordkanzler, als Verteidiger der geistlichen Suprematie – unterstehen die Priester Utopias keinem irdischen Gericht, sondern allein der göttlichen Gerechtigkeit: »Keiner Obrigkeit wird bei den Utopiern mehr Ehrerbietung gezollt, und diese geht so weit, daß, wenn ein Priester ein Verbrechen begangen hat, er keinem weltlichen Gerichte unterliegt; er wird Gott und sich selbst überlassen.«

Die wichtigste Aufgabe der Priester ist es, für die Erziehung der Jugend Sorge zu tragen, da die Utopier in einer ethisch-religiösen Bildung die unabdingbare Vorbedingung für die Beschäftigung mit den Wissenschaften sehen: »[F]ür eine Grundlage in den Wissenschaften wird nicht früher gesorgt, bis ein sittliches Fundament gelegt ist.«[159] Wissenschaft und Religion verbinden sich hier wieder.

Im Krieg fällt den Priestern die Aufgabe zu, Maß und Gnade walten zu lassen: »Wenn die Ihrigen siegen, eilen sie in das Schlachtgewühl und tun dem Wüten gegen die Geschlagenen Einhalt; wer sie nur sieht und ihnen zuruft, dem ist sein Leben gesichert.«[160] Es mag hier, wenn auch nur versteckt, Kritik am Papst anklingen, der seiner geistlichen Pflicht im Krieg nicht nachkommen konnte, da er selbst als Kriegsherr in Erscheinung trat.

Die Beichte nehmen nicht die Priester entgegen, sondern die in der patriarchalischen Ordnung Höherstehenden: »Bevor sie sich an den Endfesttagen nach dem Tempel begeben, bekennen zu Hause die Frauen, indem sie ihren Männern, die Kinder, indem sie den Eltern zu Füßen fallen, daß sie gesündigt haben, sei's durch Begehung eines direkten Vergehens, sei's durch fahrlässige Erfüllung einer Pflicht, und bitten für ihren Fehler um Verzeihung.«[161] Die Verzeihung wird ihnen gewährt. Die Ordnung bestätigt sich so im Kleinen und Großen.

Der ideale Staat – das erträumte England

Die Darstellung der geographischen Beschaffenheit der Insel Utopia, der Lage und Architektur ihrer Hauptstadt und die Zahl ihrer Städte läßt unschwer erkennen, daß Morus hier ein idealisiertes Abbild Englands zeichnet.[162] Auch der pseudogriechische Name der Hauptstadt – die »Nebelstadt« (Amauratorum) am Fluß »Wasserlos« (Anydrus) – mag auf das neblige London an der Themse verweisen. Morus nutzt die Beschreibung der architektonischen Entwicklung von Amauratorum, dessen Annalen 1760 Jahre zurückreichen sollen, darüber hinaus zu einer Anspielung auf Agis IV., der der Überlieferung zufolge 244 v. Chr. das Gesetz Lykurgs in Sparta erneuerte, Schuldenfreiheit gewährte und die Gütergemeinschaft einführte. Ansonsten versucht Morus, ein möglichst genaues Bild Englands zu zeichnen.

Zunächst gibt Raphael daher eine überblickshafte Darstellung der Verwaltungsgliederung und Gesellschaftsordnung der Utopier: »Die Insel hat vierundfünfzig geräumige und prächtige Städte, in Sprache, Sitten, Einrichtungen und Gesetzen übereinstimmend; sie haben alle denselben Situationsplan, soweit die besondere Örtlichkeit es zuläßt.«[163] Die Entfernungen zwischen den Städten betragen durchweg eine Tagesreise, die Ackerböden sind zwischen ihnen aufgeteilt. »Keine Stadt hat das Verlangen, ihre Grenzen vorzurücken, zu erweitern. Denn sie halten sich mehr für die bloßen Besteller der Ländereien, als für deren Herren.«[164] Dies entspricht in den Grundzügen der geographischen und verwaltungstechnischen Gestalt Englands.

Dieses »England« wird aber ohne die Makel englischer Politik, wie sie im ersten Buch erörtert wurden, gezeichnet. Vielmehr bestimmen die Einrichtungen Utopias das tägliche Leben. Das Leben der Landbewohner ist patriarchalisch organisiert: »Keine ländliche Familie hat an Männern und Frauen weniger als vierzig Köpfe, außerdem zwei auf der Scholle haftende Knechte, denen allen der Hausvater und die Hausmutter vorstehen, gesetzte und gereifte Personen; je dreißig einzelnen Familien ist ein Phylarch vorgesetzt.«

Der Gefahr eines aufkeimenden Antagonismus zwischen (müßigen) Städtern und (hart arbeitenden) Landbewohnern – wie wir sie aus England kennen – ist vorgebeugt: »Aus jeder Familie kehren jährlich zwanzig Personen in die Stadt zurück, nachdem sie zwei Jahre auf dem Lande zugebracht haben.« Die in die Städte Zurückkehrenden werden durch neue Städter ersetzt, die von den Rückkehrern zuvor in der Landwirtschaft unterwiesen werden. Die Gütergemeinschaft zeigt sich auch darin, daß alle Häuser unverschlossen sind und alle zehn Jahre durch Los getauscht werden. Damit wären Raphaels Vorschläge, die er einst am Hofe Kardinal Mortons vorbrachte, in die Realität umgesetzt.

Dies hatte Konsequenzen für die wirtschaftliche Ordnung und Wohlfahrt des Landes. Die Ackerbauern bauen mehr an, als sie zu ihrer Selbsterhaltung und zur Ernährung der Stadtbewohner bedürfen. Die Überschüsse werden den Grenznachbarn überlassen. Von den Stadtbewohnern erhalten die Landbewohner wiederum die Gegenstände, die sie nicht selbst herstellen können. Die Verteilung der Güter innerhalb der Städte erfolgt auf den Marktplätzen der vier Stadtviertel einer jeden Stadt: »Von dort holt jeder Familienvater, was er und die Seinen nötig haben, und nimmt es ohne Geld und ohne irgendwelche Gegenleistungen an sich.«[165] Zum Güteraustausch zwischen Stadt und Land fahren die Landbewohner einmal monatlich in die Stadt. Dieses Prinzip gilt für alle Beteiligten: »Was eine Stadt der andern geschenkweise überläßt, stellt sie dieser nicht in Rechnung: andererseits erhält sie selbst wieder von einer anderen Stadt geliefert, was ihr fehlt, wofür sie ebenfalls keine Entschädigung leistet. So bildet die ganze Insel gleichsam eine Familie.«[166] Ein erträumtes England.

»Philosophia scholastica« versus »philosophia civilior«

Am Ende kehren die Überlegungen wieder an ihren Ausgangspunkt zurück. *Morus* sucht noch einmal Raphaels Bedenken, daß »die Philosophie bei den Fürsten keine Stätte hat«, mit einem Gegenargument zu zerstreuen, das zwischen zwei Formen der Philosophie unterscheidet: »›Die Schulphilosophie [philosophia scholastica] allerdings nicht‹, gab ich zur Antwort, ›die glaubt, daß alles überall angebracht sei; aber es gibt eine welterfahrenere Philosophie [philosophia civilior], die die örtlichen Verhältnisse, unter denen sie auftritt, wohl kennt, sich ihnen anbequemt und ihre Rolle in dem Stücke, das gerade gespielt wird, bündig und wohlanständig durchführt. Deren mußt du dich bedienen.‹«[167] »Hac utendum est tibi«, heißt es im lateinischen Text – letzteres ist eine Aufforderung. Zum Schluß scheint *Morus* nun den Widerspruch, der bislang ungelöst blieb, auflösen zu wollen. Will man die Konsequenzen aus der Erörterung der Einrichtungen Utopias – also der Staatslehre – ziehen, so muß man diese Empfehlungen den Herrschern nahebringen, auch wenn dies nur ein Teil von ihnen versteht oder gar verwirklicht.

Der dahinterliegende Gedanke ist ein durchaus praktischer. Denn selbst wenn der Philosoph nicht in der Lage ist, sein besseres Wissen gegenüber falschen Meinungen durchzusetzen, so darf er das Gemeinwesen, auf bessere Zeiten hoffend, gleichwohl nicht sich selbst überlassen.[168] Es wäre naiv, von der vollständigen Verbesserungsfähigkeit aller Menschen auszugehen. Es ist aber doch möglich, im Laufe der Zeit einiges zu erreichen. Um erfolgreich Einfluß nehmen zu können, muß er jedoch seine Mittel zur Überzeugung mit Bedacht wählen und auf die Meinungen der von ihm zu Beratenden eingehen. Dies nun leistet die »philosophia civilior«.

Doch Raphael ist von dieser Vorgehensweise nicht überzeugt: »›Auf diese Weise‹, versetzte jener, ›würde nichts anderes erfolgen, als daß ich, während ich die Torheit anderer zu heilen unternehme, mich selbst mit ihnen närrisch gebärde.‹« Anpassung, die Voraussetzung einer klugen Beratung wäre, hilft nicht. Die Wahrheit ist nicht bequem, sie mag sogar widersinnig anmuten. Dies würde den Philosophen vor eine kaum lösbare Aufgabe stellen. Er müßte viel verschweigen, manches anders ausdrücken – die Wahrheit bliebe auf der Strecke. Raphael verdeutlicht dies anhand der christlichen Offenbarung und deren Anwendung als Maßstab für die Regierenden: »Wenn wir alles als unverschämt oder absurd übergehen müßten, was die verkehrten Sitten der Menschen als ungehörig erscheinen lassen könnten, so müßten wir bei den Christen das meiste geheimhalten, was Christus gelehrt hat, was er doch zu verheimlichen so entschieden verboten hat, daß er umgekehrt sogar befohlen hat, das, was er (gleichsam) nur in die Ohren seiner Jünger flüsterte, laut von den Dächern zu verkünden. Der größte Teil dessen aber weicht von den herrschenden Gebräuchen, Sitten und Anschauungen mehr ab, als jene meine Rede.«[169] *Morus'* Vorschlag nötige den aufrichtigen Berater nicht nur zu Selbstverleugnung und Betrug, sondern gefährde die Wahrheit selbst; so hätten schlaue Priester die wahre Lehre Christi verfälscht, um sie den menschlichen Sitten anzupassen. Raphael bleibt daher bei seinem auf Platon gestützten Diktum, daß die Philosophen sich von der Politik fernhalten sollten.

Die Diskussion bleibt unentschieden. Für beide Auffassungen spricht einiges. Der Autor Morus läßt die Entwicklung offen und erkennt beiden Positionen Gewicht zu.

»Superbia« oder die menschliche Natur

Morus erklärt am Ende des Gesprächs, warum er nicht glaubt, daß die Einrichtungen Utopias übertragbar seien: Das verhindert die menschliche Natur, vor allem der Wunsch, mehr als andere zu haben oder zu sein. Mit dem Konzept der »superbia« – so nennt Morus diesen menschlichen Trieb – führt er eine anthropologische Komponente ein, mit der erklärt werden kann, warum der Erwerb von Privateigentum zu kritisieren ist: Menschen bewerten ihre Errungenschaften, sei es Besitz oder Rang, immer im Vergleich mit den anderen. Diese menschliche Leidenschaft bedroht jedoch jedes staatliche Gefüge: »Diese beiden Übel, Privatgunst und Habsucht, zerstören, wo sie sich in den Gerichten einnisten, die Gerechtigkeit, das stärkste Fundament des Staates, ganz und gar.«[170] Es geht den Menschen nicht nur darum, möglichst viel zu erlangen, sie wollen in erster Linie mehr als alle anderen besitzen: »Habgierig und raubsüchtig macht alle Lebewesen die Furcht vor künftiger Entbehrung, oder, bei den Menschen allein, auch noch der Hochmut, durch das Prunken mit überflüssigen Dingen, deren Besitz sie sich zur Ehre anrechnen, sich vor den anderen hervorzutun.«[171]

Die am Verteilungskampf Beteiligten bewerten das von ihnen erreichte Ziel nicht absolut, sondern relativ. Der einzelne sieht in seinen Konkurrenten nicht nur mögliche Rivalen um eine begrenzte Gütermenge, sondern auch eine ständige Bedrohung für die Position, die er errungen hat. Einfacher ausgedrückt: Es genügt nicht, alles Notwendige zu besitzen; es genügt auch nicht, alles im Überfluß zu besitzen; noch nicht einmal genügt es, mehr als alle anderen zu besitzen; vielmehr muß jeder ständig danach streben, seinen Vorsprung aufrechtzuerhalten. »Superbia« liebt den Vergleich. Wie schneide ich im Vergleich mit den anderen ab? Wie kann ich meinen Vorsprung vergrößern?[172] Das Streben nach Differenz endet erst mit dem Tod – die Interpretation erinnert an Thomas Hobbes. Morus nimmt noch keine genaue Differenzierung der menschlichen Verhaltensweisen vor, dies ist erst Hobbes' Verdienst; er ist auch nicht in der Lage, die »superbia« zu erklären, aber seine Beschreibung ihrer Funktionsweise erinnert an das menschliche Bestreben im Erreichen von Dingen, wie es Hobbes später nennen wird.[173]

Die Existenz von Privateigentum führt infolge der menschlichen »superbia« dazu, daß sich die Menschen beständig in einer Konkurrenzsituation zu allen anderen befinden. Diese Konkurrenzsituation verhindert es, daß sich auf vernünftigen Erwägungen oder auf religiösen Überzeugungen begründete weise Einrichtungen verwirklichen lassen: »Ich lasse mir auch nicht beifallen, einen Zweifel zu hegen, daß entweder die vernünftige Erwägung des eigenen Vorteils, oder die Autorität unseres Heilands Christus [...] unseren ganzen Weltteil schon längst zu der Gesetzgebung dieses (des utopischen) Staatswesens geführt haben würde, wenn nicht ein greuliches Untier, Ursprung und Zeugerin alles Fluches und Verderbens, die Hoffart, aus aller Macht widerstrebte, die das Wohlsein nicht nach dem eigenen Vorteil, sondern nach dem Schaden der andern bemißt.«[174]

Und sogar in Utopia muß zur Bewahrung der sozialen Gleichheit eine Regelung gefunden werden, die den Ehrgeiz eindämmt, der zu Machtstreben und »superbia« führt. Dies gilt selbst bei der Bewerbung für Ämter: »Wer, vom Ehrgeiz gestachelt, sich um ein obrigkeitliches Amt bewirbt, geht der Anwartschaft auf ein solches überhaupt verlustig.«[175] Dies schließt auch das Tragen von Symbolen, die soziale Überlegenheit demonstrieren, ein: »Nicht einmal der Fürst zeichnet sich durch seine Kleidung oder ein Diadem aus, sondern es wird bloß eine Garbe Getreide vor ihm hergetragen. Ebenso ist eine ihm vorgetragene Wachskerze die einzige Auszeichnung des Oberpriesters.«[176]

Wenn man auch das »liest«, worüber Raphael schweigt, eröffnet die Darstellung der Menschen auf der Insel Utopia und ihrer Institutionen zusammen mit der Beschreibung der zeitgenössischen Gesellschaft eine Perspektive auf das Menschsein – eine Anthropologie.[177] Es ist dies nicht die Anthropologie der Utopier, vielmehr die des Menschen schlechthin. Eine solche Natur vorausgesetzt, konnte der Mensch nur die unvollkommene Gesellschaft des 16. Jahrhunderts (oder jedes anderen Jahrhunderts) bilden, nicht den Staat der Utopier. Raphael weiß dies nur zu gut – und er gibt auf. Es existiert eine Logik der Macht, oder theologisch formuliert, eine Logik des Bösen, der die menschlichen Handlungen nicht entgehen können. Utopia ist nirgendwo.

Daher endet der Dialog hier und mit ihm Thomas Morus' Erzählung. In der Zwischenzeit hat die Dämmerung eingesetzt, und die Freunde sind müde. Sie wollen zu Abend essen. Die Fortsetzung des Gesprächs wird verschoben – ohne Termin.

Zwei Formen der Rationalität: Utopia und König Richard III.

Utopia untersucht die Frage, wie ein Gemeinwesen einzurichten sei, damit es allen Bürgern ein gutes Leben ermöglicht. Dieses gute Leben freilich ist für Morus nur unter der Prämisse der Herrschaft Gottes vorstellbar. Der wahre Gott, der sich den Menschen in Jesus Christus offenbart hat, ist den Utopiern noch unbekannt – ihnen bleibt nur der Rekurs auf die Vernunft. Diese führt, da sie göttlichen Ursprungs ist, zu den gleichen Ergebnissen. Eine christliche Utopie würde nicht anders gestaltet sein als das Utopia der Erzählung des Raphael Hythlodäus.

Am Ende seiner Lektüre der *Utopia* stellt sich für den Leser die Frage, ob Morus eine Verbesserung der englischen Wirklichkeit mittels der in *Utopia* geschilderten Institutionen und Ideen für möglich hält. Der anthropologische Pessimismus Morus', der gegen Ende der *Utopia* zum Ausdruck kommt, scheint einer solchen Sicht zu widersprechen. Von sich aus sind Menschen, die sich von ihren Mitmenschen unterscheiden wollen, nicht bereit, auf eine soziale Differenzierung und die damit verbundenen Möglichkeiten zu verzichten. Die erste Sünde des Menschen war es, wie Gott sein zu wollen, sich also über seine ihm zukommende Stellung zu erheben. Diese Sünde hat sich in die Natur der Menschen eingegraben, sie ist nicht grundlegend zu beseitigen. Auch in Utopia gibt es Menschen, die gegen die rationale und gute Ordnung des Staates aufbegehren. Die Institutionen und sozialen Regelmechanismen Utopias sehen für diesen Fall Zwangsmaßnahmen vor, wie Klosterregeln Zwangsmaßnahmen für unbotmäßige Mönche vorsehen. Die institutionelle Grundstruktur (einschließlich der Eigentumsordnung und Religion) führt jedoch dazu, daß Verstöße gegen die Prinzipien der Ordnung selten sind. Es ist durch die Ordnung Utopias in der Tat ein Erziehungsprozeß in Gang gesetzt, der letztlich die Menschen verändert. Nicht absolut, aber doch so weit, daß die »utopische« Ordnung stabil wird. Ein solcher Prozeß institutioneller Reform ist daher auch in England denkbar. Allerdings bedarf es noch menschlicher Vorarbeiten. Zunächst muß Entgegenstehendes beseitigt werden, in erster Linie häretische Meinungen, die die Grundlagen des Denkens Morus' in Frage stellen. Daher erklärt sich sein äußerster Kampf gegen Ketzer und Abweichler. Utopia stellt eine rückwärtsgewandte Utopie dar, sie zeigt eine Ordnung, die im Christentum bereits – als ein Konzept – vorhanden ist. Die Möglichkeit besteht (die Klöster sind hierfür Beispiel), sie muß nur durchgesetzt werden.

Utopia verteidigt die sozialen und politischen Ideale des frühen Christentums mit dem Schwert. Der angestrebte rationale Klosterstaat ist durchaus denkbar, seine Verwirklichungsmöglichkeiten sind allerdings gering. Dazu hätte es einer politischen Macht bedurft, die Morus nicht hatte. Reform als eine Forderung des Tages verlangt daher zunächst die Abwehr all dessen, was diese grundlegende Idee in Frage stellt: eben der Ketzer. Insoweit war Morus konsequent.

Ein zweiter Gedanke, der mit diesen Überlegungen zusammenhängt: Die Utopier wenden ihre Vernunft in einer Weise an, die diese auf das Ideal des Wohlergehens der Gemeinschaft bezieht. Antike Vorstellungen vom Sinn und Zweck der »polis« verbinden sich hier mit christlichem Gedankengut. Aber Morus kannte auch die Möglichkeit, Vernunft (und Rationalität) in einem anderen – auf das ausschließlich individuelle Fortkommen bezogenen – Sinne zu verwenden. Insofern ist Morus' *Geschichte König Richards III.* als eine Ergänzung der *Utopia* zu lesen. Dort wird die Rationalität ohne Rückbindung an antikes und christliches Gedankengut dargestellt. Die rationale Kraft zur Gestaltung der Ordnung erscheint als Technik des Machterwerbs. Wie in *Utopia*, so führt Morus auch in der *Geschichte König Richards III.* seinen Gedanken mit Konsequenz zu Ende. Richard handelt in Hinsicht auf seine Ziele vernünftig. Die Rationalität des Handelns ist immer dieselbe, lediglich die Einbettung in die Grundlegung der Rationalität fehlt – an deren Stelle tritt der göttliche Plan, der als Gegenmacht die Rationalität des einzelnen in die der Geschichte verändert.

Der Politiker Morus wußte um die Technik des Machterwerbs – auch hier sind wieder autobiographische Elemente in seine

Darstellung eingegangen. Richards Gier nach Macht und die Institutionen Utopias sind die zwei Seiten einer Medaille. Morus erkannte früh auch den instrumentellen Charakter der Rationalität.

Die Geschichte König Richards III.

Die *Geschichte König Richards III.*, die in einer englischen und einer lateinischen Fassung vorliegt, schildert und analysiert Ereignisse, die sich während Morus' Kindheit zugetragen hatten und deren Einzelheiten er wohl vornehmlich aus den Erzählungen seines Gönners John Morton kannte.[178]

Der Aufstieg und Fall des Herzogs Richard von Gloucester ist die letzte Episode in einer Reihe von blutigen Auseinandersetzungen zweier eng verwandter Adelshäuser, die in der zweiten Hälfte des 15. Jahrhunderts um den englischen Thron konkurrierten. Diese sogenannten Rosenkriege erlebten ihren ersten Höhepunkt mit der Vertreibung des Lancaster-Königs Heinrich VI. durch Richard von York im Jahre 1461 und der Thronbesteigung von Richards Sohn Eduard (IV.). Nach dessen Tod 1483 riß sein Bruder, Richard von Gloucester, die Macht an sich und trat als Richard III. die Thronfolge an; doch bereits zwei Jahre später wurde er in der Schlacht von Bosworth getötet. Heinrich, der Graf von Richmond, begründete als Heinrich VII. die Tudor-Dynastie.

Die lateinische Fassung der Geschichte konzentriert sich auf zwei Monate des Jahres 1483: Morus' Beschreibung setzt mit dem Tod Eduards IV. ein und schildert sodann, wie Richard die beiden minderjährigen Söhne des verstorbenen Bruders in seine Gewalt bringt, die Königin und deren Verwandte aus dem Weg räumt, sich zum Protektor des Kronprinzen und schließlich zum König von England ausrufen läßt.

Die Darstellung der Ereignisse in der englischen Fassung geht darüber hinaus; sie erzählt auch die Richard zur Last gelegte Ermordung der Prinzen und endet mit der Wiedergabe eines Gesprächs, in dem John Morton, der seit der Gefangennahme des Kronrats auf Schloß Brennock festgehalten wird, den ehrgeizigen Lord Buckingham zu einer Verschwörung gegen Gloucester aufstachelt. Beide Varianten beschränken sich also auf einen Teil der Geschichte König Richards III.

Geistige und literarische Tradition/Textgeschichte und Quellen

Es ist davon auszugehen, daß Morus wohl zwischen 1513/14 und 1522, vor allem jedoch um das Jahr 1518, an der *Geschichte König Richards III.* gearbeitet hat. Neben der Tatsache, daß er eine englische und eine lateinische Version verfaßt hat, erschwert sich die Bestimmung der Textgrundlage zusätzlich dadurch, daß sich schon zu Morus' Lebzeiten verschiedene Abschriften beider Versionen in Umlauf befanden. Weder ist ein von ihm selbst autorisiertes Manuskript verfügbar noch ein Autograph. Die maßgebliche englische Fassung, *The History of King Richard III.*, wurde erst 1557 in Morus' *English Works* veröffentlicht.[179] Die lateinische Fassung erschien unter dem Titel *Historia Richardi Regis Angliae Eius Nominis Tertii* sogar erst 1565 in Löwen in den *Opera Omnia.* Nach dem derzeitigen Stand der Forschung ist davon auszugehen, daß die lateinische Fassung der *Geschichte König Richards III.* mehr oder weniger parallel zur englischen Version entstand; zumindest ist nicht belegbar, daß der eine Text eine Übersetzung des anderen wäre.[180]

Während Textgeschichte und Quellenlage bei *Utopia* weitgehend unproblematisch sind, müssen diese Aspekte bei einer Darstellung der *Geschichte König Richards III.* ausführlicher behandelt werden, da die unterschiedlichen Versionen für sich genommen zu Unterschieden bei der Interpretation und der Einordnung des Textes in die geistige und literarische Tradition führen.

Der Grund, warum Morus seine Geschichte in zwei Versionen verfaßte, ist einfach: Mit der lateinischen Fassung wandte sich Morus an ein internationales, humanistisch gebildetes Publikum, dessen Vertrautheit mit englischen Persönlichkeiten, Traditionen und Einrichtungen er nicht ohne weiteres voraussetzen konnte; die spezifisch englischen Aspekte der Geschichte bedurften also der näheren Erklärung. Andererseits konnten einige Episoden und Details, die für den Ausländer von geringem Interesse sein mochten, ausgelassen werden. Die lateinische Fassung ist reicher an Anspielungen auf klassische Quellen und Figuren – eine solche Schreibweise konnte Morus einem gebildeten Lesepublikum zumuten.

Die beiden Fassungen sind inhaltlich zwar weitgehend identisch, unterscheiden sich aber dennoch in einigen wesentlichen Punkten: Während die lateinische Fassung mit der Krönung Richards III. endet, setzt die englische Fassung die Erzählung fort. Sie schildert die Richard zur Last gelegte Ermordung der im Tower festgehaltenen minderjährigen Prinzen und endet mitten in einem Gespräch zwischen Richards vormaligem Mitverschwörer, Lord Buckingham, und John Morton, dem späteren Erzbischof von Canterbury. Der Fall Richards kündigt sich in dieser Version zwar an, die Aufdeckung der in diesem Gespräch geplanten Verschwörung und die Hinrichtung Lord Buckinghams sowie der Tod Richards III. auf dem Schlachtfeld von Bosworth werden jedoch nicht mehr ausgeführt. Während also die lateinische Version, die mit der Krönung Richards endet, eine gewisse Geschlossenheit der Erzählung vermittelt, indem sie sich allein auf den Aufstieg Richards beschränkt, bricht die englische mitten im Gespräch zwischen Buckingham und Morton abrupt ab. Es muß dahingestellt bleiben, ob Morus auch die lateinische Fassung in ähnlicher Weise fortsetzen wollte – er hat seine Arbeit an der *Geschichte König Richards III.* spätestens 1522 eingestellt.

Die Frage, warum Morus die *Geschichte König Richards III.* nicht bis zu dessen Tod weitererzählt hat, läßt sich nur spekulativ beantworten. Vielleicht war es der 1521 unter Heinrich VIII. am dritten Lord Buckingham begangene Justizmord, der Morus – dies geht auch aus seinen anderen Schriften dieser Zeit wie den *Four Last Things* hervor – zusehends an der Möglichkeit einer »christlichen« Politik verzweifeln ließ. Vorsicht schien angeraten zu sein. Hinzu kam wohl aber auch, daß er um 1522 von Heinrich VIII. mit der Abfassung der *Responsio ad Lutherum* betraut wurde und sich von dieser Zeit an vor allem dem Verfassen religiös-politischer Streitschriften widmete. Die *Geschichte König Richards III.* ist somit die letzte Schrift, die neben der Lukian-Übersetzung, den Epigrammen und *Utopia* zu Morus' humanistischen Werken gerechnet wird.

Morus zitiert seine Quellen gewöhnlich nicht. Außer seinem Vater und seinem Schwiegervater sowie dem Erzbischof und Lordkanzler John Morton dienten Morus vermutlich vor allem diejenigen Zeitgenossen Richards als Gewährsmänner, die sich gegen den Usurpator gewandt hatten und nach seinem Fall von Heinrich VII. mit Macht und Einfluß belohnt worden waren. Frühere Parteigänger und hohe Würdenträger unter Richard hatten hingegen kaum Grund, auf ihre Vergangenheit aufmerksam zu machen und den von Heinrich VII. gestürzten König zu verteidigen. Diese Tatsache mag auch dafür verantwortlich sein, daß Morus bereits ein verzerrtes Bild Richards III. vorfand und diesem dann eine Reihe von Untaten zur Last legte, die er nach dem heutigen Stand der Forschung nicht begangen hatte.

Morus konnte darüber hinaus auf eine Reihe schriftlicher Quellen zurückgreifen, etwa auf Gesetzestexte wie den unter Richard III. erlassenen *Act of Settlement* von 1484, der die tyrannische Amtsführung Eduards IV. kritisiert. Dieses Gesetz diente Morus vermutlich als Vorlage für die Rede Buckinghams vor der Londoner Bürgerschaft. Daneben existierten auch handschriftliche Berichte und Chroniken, die zum Teil distanziert und um Objektivität bemüht waren, beispielsweise der Bericht des in London akkreditierten römischen Diplomaten Dominico Mancini, zum Teil jedoch auch gegen Richard Partei ergriffen und diesen als diabolische Figur charakterisierten. So stellte John Rous, Chronist und Wegbereiter der Tudor-Geschichtsschreibung, in seiner *Historia Regum Angliae* von 1491 eine Analogie zwischen Richards Herrschaft und der des Antichristen her.

»Historia magistra vitae«

Zu den Schwierigkeiten der Textgeschichte kommt die Frage nach der Gattungszugehörigkeit der *Geschichte König Richards III.* Morus' Erzählung hat ihres dramatischen Aufbaus wegen und als wichtigste Vorlage für William Shakespeares Königsdrama vor allem literarische Wirkung entfaltet. Betrachtet man die Erzählung jedoch als Geschichtsschreibung, so ist zu bedenken, daß man Morus' *Geschichte König Richards III.* nicht an den Kriterien moderner Historiographie messen sollte; vielmehr handelt es sich um das erste Beispiel humanistischer Geschichtsschreibung in England.

Die humanistische Geschichtsschreibung hob sich von den mittelalterlichen Chroniken und Annalen deutlich ab. Sie begnügte sich nicht mehr damit, alle historischen Fakten lediglich in chronologischer Reihenfolge aneinanderzureihen, sondern war bemüht, die dem Gang der Geschichte zugrundeliegenden Motive und Kausalitäten abzubilden. Das humanistische Geschichtsverständnis beruhte auf der Annahme, daß die Kenntnis der Geschichte helfen kann, die Gegenwart zu verstehen: »Historia magistra vitae.« Der damit verbundene didaktische Auftrag der Geschichtsschreibung setzte eine sorgfältige Auswahl der zu schildernden Ereignisse voraus. Wichtiger als die reine Faktizität der historischen Tatsachen war dabei ihr exemplarischer und didaktischer Wert. Aus diesem Grund sind die Grenzlinien zwischen Geschichtsschreibung, Literatur und Rhetorik oft nicht mehr genau auszumachen. Dies wurde keineswegs als Nachteil gesehen. Im Gegenteil ging man davon aus, daß erst die gekonnte Auswahl und Verknüpfung der relevanten Fakten und das rhetorische Dekorum die vergangenen Ereignisse menschlicher Erfahrung zugänglich machen konnten. In einem Brief an die Universität Oxford vom 29. März 1518 hebt Morus die Bedeutung eines solchermaßen gestalteten historischen Studiums hervor[181]: Das Wissen über die menschliche Natur sei der Dichtung und Rhetorik, vor allem jedoch der Geschichte zu entnehmen.

Ihre Wirksamkeit verdankte die humanistische Historiographie vor allem der Wiederentdeckung der antiken Geschichtswerke. Als zur Nachahmung (imitatio) empfohlene Vorbilder dienten insbesondere die römischen Historiker Sallust, Sueton und Tacitus. Morus waren darüber hinaus die Werke Plutarchs und Thukydides' bekannt. Diese Arbeiten beinhalteten die Themen, die die humanistische Geschichtsschreibung interessierten. In Sallusts *De Catilinae Coniuratione* und *Bellum Iugurthinum* fand Morus das Motiv der Machtergreifung eines Tyrannen und deren soziale Auswirkungen bereits behandelt, und er nahm dort wohl auch Anleihen für die formale Gestaltung seines Stoffes. Eindeutige Bezugnahmen finden sich zum Beispiel in der Charakterisierung Richards und der des Imperators Tiberius in Tacitus' *Annalen.* Besondere Bedeutung kommt bei den genannten antiken Historikern auch der dramatischen Aufbereitung des Stoffes zu. Der Erzähler tritt hinter seine Figuren zurück. So bestreiten die sorgfältig nach rhetorischen Prinzipien aufgebauten und stilisierten Reden der Hauptfiguren einen Großteil der *Geschichte König Richards III.*

Das mittelalterliche Erbe

Bedeutsam für den Humanismus war des weiteren die Entdeckung des Individuums, der individuellen Gestaltungskraft und der Macht des freien Willens, wie diese von Pico della Mirandola gefeiert wurden. Bei Morus tritt dies allerdings noch nicht in den Vordergrund. Wenngleich sich in der *Geschichte König Richards III.* eine gewisse Eigenverantwortung der Personen für ihr Schicksal andeutet, bleibt Morus noch weitgehend dem von Augustinus geprägten Geschichtsdenken und spätscholastischen Vorstellungen verhaftet. So findet sich in seiner Schrift noch die mittelalterliche Vorstellung der weltlichen Geschichte als Episode der christlichen Heilsgeschichte. Die *Geschichte König Richards III.* ist zwar Königsdrama und Darstellung der Tragödie Englands. Aber unabhängig davon, wie sich die einzelnen Personen verhalten, sie sind alle (noch) Teil des einen, großen göttlichen Spiels. Morus' Richard verdeutlicht als historische Figur lediglich exemplarisch die katastrophalen Folgen, die menschliche Leidenschaften – Ehrgeiz und Stolz – über das politische Gemeinwesen bringen. Doch dabei beläßt es Morus nicht: Richard wird auch zum Sinnbild des Bösen schlechthin stilisiert. Die *Geschichte König Richards III.* ist daher als Morus' Versuch zu verstehen, die durch den freien Willen der Menschen bedingten Leidenschaften mit der göttlichen Vorsehung in Einklang zu bringen. Der skrupellose Richard wird – wider Willen – zum Werkzeug der göttlichen Gerechtigkeit, zur »Geißel Gottes«. Die konkrete historische Figur tritt hinter die Allegorie des Lasters zurück. In vielerlei Hinsicht trägt Richard noch deutliche Züge der Vice-Figur, die in mittelalterlichen Moralitäten das Laster verkörperte.

Daneben läßt sich in *Richard III.* mit der exemplarischen Darstellung des Auf- und Abstiegs eines Tyrannen auch die Struktur einer Fallstudie erkennen, wie sie von Boccaccio in der italienischen Frührenaissance begründet worden und über William Chaucer nach England gelangt war. Das didaktisch-moralische Anliegen solcher Erzählungen war es, die Unbeständigkeit allen diesseitigen Glücks und die Unsicherheit des Lebens an Beispielen darzulegen und die Vorbereitung auf das jenseitige wahre Leben anzumahnen. Besonders gefährdet sind – eingedenk dieser Unsicherheiten – die Personen, die den Höhepunkt weltlicher Macht erklommen haben; doch prinzipiell kann Fortuna jeden, unbesehen der guten oder bösen Handlungen der Person, schlagen. In einem von Morus aus dem Griechischen übertragenen Epigramm der *Anthologia Planudea* heißt es: »Die launische *Fortuna* beobachtet keinen bestimmten Lauf, sondern bewegt blind von Zeit zu Zeit das unstete Rad. Es beliebt ihr, den Mächtigsten niederzuwerfen und den Niedrigsten zu erheben; abwechselnd und ohne Gesetze kehrt sie das Los der Dinge um.«[182] Dieser Aspekt wird in der *Geschichte König Richards III.* vor allem am Schicksal des königstreuen Lord Hastings deutlich, der trotz prophetischer Warnungen und Anzeichen von seinem plötzlichen Todesurteil vollkommen überrascht ist, was Morus zu dem Ausruf veranlaßt: »Oh, gütiger Gott! Die Blindheit unserer menschlichen Natur! Als er die größte Angst hatte, war er in guter Sicherheit. Als er sich am sichersten wähnte, verlor er sein

Leben und das innerhalb von zwei Stunden danach.«[183] Der Mensch neigt dazu zu vergessen, daß er letztlich nur Objekt des göttlichen Spiels ist.

»In Tyrannis«

Die *Geschichte König Richards III.* stellt auch eine klassische Studie der Ursachen und Folgen von Gewaltherrschaft dar. Das Motiv der Tyrannis hat Morus bereits in vielen seiner früheren Schriften beschäftigt. Schon in seinen Epigrammen[184] versuchte er zu beschreiben, was den guten vom schlechten Herrscher unterscheidet: Der gute König behandelt seine Untertanen wie seine Kinder, der Tyrann wie seine Sklaven[185]: »Was ist ein guter König? Er ist ein Wachhund, ein Hüter der Herde, der die Wölfe mit Gebell in die Flucht schlägt. Was ist der schlechte? Er ist selbst der Wolf.«[186] Der Herrscher erscheint als das Haupt des Königreichs, das Volk als seine Glieder.[187] Morus stand dem sich abzeichnenden absolutistischen Fürstentum skeptisch gegenüber. In allen seinen politischen Schriften kommt dies zum Ausdruck. In der Charakterisierung Morus' in dem berühmten Brief Erasmus' an Ulrich von Hutten heißt es: »Vom Hof und dem Verkehr mit den Fürsten hielt er sich einst ziemlich fern, weil ihm die Tyrannei stets besonders verhaßt war, die Gleichheit hingegen höchst willkommen.«[188] Blieb Morus in seiner Haltung zu den Techniken der Herrschaftsaneignung (zumindest) ambivalent, so war er doch mit ihnen vertraut. Als Politiker wie als Gelehrter.

Das Thema der Gewaltherrschaft begegnete Morus (wenn auch als ein Randaspekt) schon bei seiner Übersetzung von Lukians *Tyrannicida.* Dabei handelt es sich um die Rede eines Tyrannenmörders, der vor Gericht für seinen ihm für seine Tat zustehenden Lohn streitet. Dieser wurde ihm verwehrt, weil er nicht den Tyrannen, sondern nur dessen Sohn getötet und das Schwert im Körper des Toten belassen hatte, der Tyrann aber, der seinen toten Sohn aufgefunden hatte, sich selbst in das Schwert gestürzt hatte. In der im Anschluß an die Übersetzung der *Tyrannicida* – im freundschaftlichen Wettstreit mit Erasmus – verfaßten *Declamatio Thomae Mori Lucianicae respondens* übernimmt (der Jurist) Morus die Rolle des Gegenspielers des Tyrannenmörders vor Gericht. Er bestreitet den Anspruch des Tyrannenmörders auf Entlohnung nicht mit dem Argument, daß dieser widerrechtlich getötet, sondern eben damit, daß er den Tyrannen letztlich nicht selbst getötet habe. Die Wahl des Themas war für Morus, einem erklärten Gegner der rechtlosen Gewaltherrschaft, sicher kein Zufall.

Tyrannische Herrschaft stellte keine Eigenheit der Regierungszeit Richards III. dar. Morus kannte sie auch aus persönlicher Erfahrung: Sein Vater war 1504 nach der Parlamentsrede Morus' gegen die Geldforderungen Heinrichs VII. vorübergehend willkürlich eingekerkert worden. Er büßte für das vorlaute Verhalten seines Sohnes. Morus' Einstellung zu Heinrich VII. war von diesen und ähnlichen Erfahrungen geprägt. Die kritische Bewertung der Regierungszeit Heinrichs VII. kommt auch in dem euphorischen Ton der Epigramme Morus' zum Ausdruck, die dieser anläßlich der Krönung Heinrichs VIII. verfaßte: »Dieser Tag ist das Ende der Knechtschaft, er ist die Geburt der Freiheit, das Ende der Traurigkeit und Quelle der Fröhlichkeit.«[189] Vielleicht liegt hier einer der Gründe dafür, warum Morus seine *Geschichte König Richards III.* nicht vollendet hat. Diese hätte unweigerlich mit einer eindeutigen Stellungnahme zur Machtergreifung Heinrichs VII. enden müssen. Morus war zeit seines Lebens ein vorsichtiger Mann.

Dem Ironiker Morus gelingt es, den Abstand zum Drama von Aufstieg und Fall Richards zu wahren. Er betrachtet die Politik aus großer Distanz – die metaphorische Gestaltung schafft Abstand. Man muß daher der »Bühnenmetapher« Aufmerksamkeit schenken, die Morus hier und in anderen Schriften dieser Zeit (so in *Utopia* und den *Four Last Things*) verwendete. Die Welt der Politik erscheint als ein Bühnenstück, in dem man seine Rolle gut beherrschen muß, will man nicht auf dem Schafott – das englische Wort »scaffolds« bezeichnet zugleich Bühne und Schafott – enden: »Und so sagten sie, daß diese Angelegenheiten Königsspiele wären, Bühnenspiele sozusagen, die zum größten Teil auf dem Schafott gespielt würden. Arme Leute seien dabei nur Zuschauer. Wer aber klug sei, werde sich da nicht weiter einmischen. Denn jene, die manchmal hinaufsteigen, um mit ihnen zu spielen, brächten, wenn sie ihre Rolle nicht beherrschten, das Spiel durcheinander und sich selbst ins Unglück.«[190] Vielleicht fehlt es dieser Art der Politik am notwendigen Ernst, an der Vernunft, die die Politik aus einer Welt des Spiels befreit und sie zu dem macht, was sie eigentlich sein soll: die Ermöglichung einer rationalen Gestaltung des Lebens. In *Utopia* hat Morus ein Gegenbild geschaffen.

Zurück zum Spiel: Nachdem Lord Buckingham Richard die Krone »aufgedrängt« und sich dieser in ebenso heuchlerischer Manier bereit erklärt hat, sie anzunehmen, bleiben die Umstehenden ratlos zurück:

»Doch viel diskutierten sie und wunderten sich über die Art und Weise dieses Geschehens. Die Sache sei doch von beiden Seiten sehr seltsam gehandhabt worden, so, als hätte keiner mit dem anderen vorher darüber gesprochen, wo doch jedermann recht genau wußte, daß niemand, der sie gehört hatte, so dumm war, nicht durchschauen zu können, daß diese

Sache zwischen den Parteien vorher abgekartet worden war. Einige andere rechtfertigten das wiederum und sagten dagegen, alles müsse in guter Ordnung ablaufen, und manchmal dürfe man zum Schein nicht wissen, was man weiß.«[191]

Auch der, der bereits den Preis für das Bischofsamt entrichtet habe, müsse diese Würde der Form halber erst dreimal abschlagen, ehe er sein neues Amt annehmen könne. Ein jeder scheint seine ihm vorgegebene Rolle zu spielen. Politik ist ein Spiel, ein Stück auf der Bühne. Shakespeare wird nur wenig später in unnachahmlicher Weise den Bühnen- und Spielcharakter der Politik in seinen Dramen darstellen und damit zur Analyse eines Machtkampfes beitragen, den Morus hier in psychologisch noch recht holzschnittartiger Weise darstellt.

Die Herrscherporträts

Morus leitet seine Erzählung mit dem Tod König Eduards IV. am 9. April 1483 ein. Er zeichnet in der Einleitung das Porträt eines vorbildlichen Monarchen: »Er war eine tüchtige Herrschernatur und sehr fürstlich anzusehen: Er hatte ein tapferes Herz, war klug im Rat, in der Not nicht verlegen, im Wohlstand eher dankbar als stolz, im Frieden gerecht und gnädig, im Kriege kühn und entschlossen, auf dem Schlachtfeld unerschrocken und mutig, manchmal sogar waghalsig, jedoch niemals mehr, als es die Vernunft zuließ. Wer seine Kriegsführung recht beurteilt, wird nicht weniger seine Klugheit loben, wo er sich zurückzog, als seine Mannhaftigkeit, wo er siegreich war.«[192] Eine Beschreibung des stattlichen Äußeren und eine Bemerkung über das Erlahmen seines in jungen Jahren großen Interesses am anderen Geschlecht ergänzen diesen ersten, wohlgesonnenen Blick auf Eduard IV. Das Porträt erweckt den Eindruck, daß Morus seine

Geschichte als eine Darstellung vom Verfall einer guten Ordnung durch die Usurpation Richards und deren Wiedererrichtung unter Heinrich VII. anlegen wollte. In der Tat scheint einiges für eine solche Lesart zu sprechen.

Der enge Zusammenhang zwischen dem Wesen des Königs und den Geschicken seines Landes führt dazu, daß im England Eduards IV. – nach Jahren des Bürgerkrieges – Frieden herrscht:

»In jenen späten Jahren seiner Herrschaft befand sich dieses Reich in friedlichem und wohlhabendem Zustand. Es gab keine äußeren Feinde, kein Krieg wurde geführt und keiner drohte als der, den niemand suchte. Das Volk lebte nicht in gezwungener Angst vor dem König, sondern in willigem und liebendem Gehorsam. Unter sich selbst hielt das Volk guten Frieden. Jene Adelsherren, die er in Uneinigkeit wußte, beschwichtigte er auf dem Sterbebett. Jegliche Geldeintreibung unterließ er (das einzige, was das Herz eines Engländers von seinem König entfremdet), auch hatte er nicht die Absicht, etwas zu unternehmen, was ihn dazu zwingen würde; denn er hatte zuvor Tributzahlungen aus Frankreich erhalten; und im Jahr vor seinem Tode hatte er Berwick errungen.«[193]

Morus' Vater, dem Eduard zu seinem Aufstieg verholfen hatte, hat das Bild des Königs stets in gutem Andenken gehalten, und Morus scheint diese Sichtweise übernommen zu haben.

Eine solche Darstellung Eduards IV. und seiner Regierungszeit entspricht auf den ersten Blick weitgehend der Geschichtsdoktrin der Tudor-Dynastie, für die später vor allem Polydore Vergiles *Anglica Historia* maßgeblich wird.[194] Doch der Schein trügt. Morus vertritt keineswegs eine idealisierte Sicht, weder von Eduard IV. noch von Heinrich VII. Im Gegensatz zu der von Polydore Vergile verfaßten Darstellung betrachtet er den Aufstieg und Fall Richards III. nicht als eine Ausnahmeerscheinung in der politischen Geschichte Englands. Vielmehr sieht er in Richards Herrschaft lediglich eine exemplarische Episode der politischen Geschichte seines Landes, dessen institutionelle Ordnung stets von den gleichen menschlichen Leidenschaften – von Stolz, Ehrgeiz und Machtgier – gefährdet wird.

Morus betreibt keine Hagiographie – seine Geschichte ist ironisch gebrochen: Das positive Porträt Eduards IV. zu Beginn wird durch andere Fakten in Frage gestellt. So ist der König vom Wohlleben gezeichnet, er unterhält zahlreiche Mätressen, seine Ehefrau wählte er nicht nach übergeordneten politischen Gesichtspunkten aus, er stellt vielmehr seine unstandesgemäße Heirat mit der Witwe Elizabeth Woodville über alle innen- und außenpolitischen Belange. Wie seine beiden Brüder ist er ehrgeizig: »So hoch wie alle drei von Geburt her waren, so hochmütig waren auch ihre Ziele. Sie waren ehrgeizig, machtgierig und konnten keine Partnerschaft ertragen.«[195] Zwei von ihnen sollten in der Tat die Krone tragen. Auch Eduards Machterwerb verlief keineswegs friedlich: Er ließ Heinrich VI. und seinen Bruder George hinrichten – und leugnete seine Schuld beziehungsweise bereute (erst) anschließend diese Taten. Des weiteren wird seine Herrschaft, zunächst als ideal charakterisiert, später durch die wenngleich polemische, so doch unwidersprochene Rede Buckinghams relativiert. Morus' Haltung ist alles andere als eindeutig.

Die Ambivalenz in der Darstellung Eduards IV. verdeutlicht auch die Familiengeschichte, die Morus dem Porträt Eduards folgen läßt: Eduards Vater, Richard von York, ist zwischen 1454 und 1456 zweimal zum Protektor des nach der verlorenen Schlacht bei Castillon 1453 körperlich und seelisch gebrochenen Königs Heinrich VI. bestimmt worden und trachtet 1460 selbst nach der Krone. Vor dem Parlament klagt er erfolgreich seinen Anspruch auf die Kronfolge seiner Familie ein. Diese wird ihm gewährt, allerdings soll sie erst seinen Nachkommen nach dem Tod Heinrichs VI. zukommen[196]: »Der Herzog ertrug es jedoch nicht, so lange zu warten.«[197] Heinrich VI. und seine Familie müssen fliehen, doch Richard von York stirbt, ehe er selbst den Thron besteigen kann. Die Königswürde wird Eduard zuteil. Sein Herrschaftsanspruch ist jedoch nach wie vor gefährdet. Erst 1465 gelingt es ihm, Heinrich gefangenzunehmen und im Tower festzusetzen. Königin Margaret und ihr Sohn finden allerdings Zuflucht in Schottland und Frankreich. Mit der Unterstützung des französischen Königs Ludwig XI. gelingt es ihnen 1470, Eduard IV. zu vertreiben und Heinrich VI. wieder einzusetzen. Doch dessen zweite Regierungszeit ist nur kurz: Im Frühjahr 1471 schlägt Eduard IV. seinen Kontrahenten bei Tewkesbury, die Königin wird gefangengenommen, Heinrichs Sohn fällt in der Schlacht. Der König selbst stirbt unter ungeklärten Umständen im Tower – Morus deutet an, daß Richard von Gloucester ihn ermordet habe.

Aber nicht nur die Lancaster-Dynastie hat Eduards Herrschaft gefährdet. Auch sein jüngerer Bruder, George, der Herzog von Clarence, schmiedete alsbald Allianzen gegen den neuen König. George, der in der Darstellung Morus' eher als Opfer einer Intrige erscheint, tatsächlich jedoch schon mehrfach an Verschwörungen gegen seinen Bruder beteiligt war, wird 1478 schließlich wegen Verrats im Tower hingerichtet. Morus macht auch hier Richard mitverantwortlich: Der König selbst habe zwar das Todesurteil gegen George verhängt, aber es sei auf Richards Anordnung hin ohne Absprache mit Eduard überhastet ausgeführt worden.

An diese Vorgeschichte schließt nun Morus' berühmtes Porträt des Herzogs von Gloucester an, der den Plan hegt, sich den englischen Thron anzueignen: »Richard, der dritte Sohn, von dem wir nun berichten, glich jedem von ihnen an Geist und Tapferkeit, körperlich und moralisch war er beiden [Eduard und Clarence] weit unterlegen: von kleinem Wuchs, mit schlecht geformten Gliedern, bucklig, die linke Schulter viel höher als seine rechte, häßlich von Angesicht und das, was man beim Adel kriegerisch, bei anderen Menschen anders nennt. Er war bösartig, jähzornig, neidvoll und schon von Zeit seiner Geburt widernatürlich.«[198] Nicht nur moralisch verderbt, sondern auch körperlich abstoßend soll er gewesen sein – Morus' Darstellung hat das Bild Richards in der Literatur wie in der Geschichte nachhaltig geprägt. Vergleiche mit anderen zeitgenössischen Quellen und einem zeitgenössischen Gemälde Richards, heute in der National Portrait Gallery[199], lassen vermuten, daß zumindest die Darstellung seines Aussehens im Dienste symbolischer Überhöhung steht: Die widernatürliche Geburt Richards und seine Häßlichkeit sind Vorzeichen seiner tyrannischen und Symbol seiner diabolischen Natur. Morus, der Gegner jeden Aberglaubens, wird nicht daran geglaubt haben.

Richard mag amoralisch und häßlich sein, er ist allerdings – vielleicht gerade deswegen – mit Eigenschaften ausgestattet, die ihn befähigen, den Thron zu erlangen: »Kein schlechter Führer war er im Krieg, zu dem ihn seine Veranlagungen mehr befähigten als zum Frieden.«[200] Ein Vergleich mit Morus' Kritik an der Kriegssucht der Könige in *Utopia* zeigt jedoch, daß diese Tugend für Morus eigentlich keine ist. Immerhin ist es eine Eigenschaft, die einem Herrscher von Nutzen sein kann. Richard weiß sich der Gunst seiner Umwelt auch durch Schein und Heuchelei zu versichern: »Man nannte ihn freigebig, und etwas über seine Verhältnisse großzügig erwarb er sich mit großen Geschenken unbeständige Freundschaften, was ihn zum Plündern und Raub in anderen Orten zwang und ihm beständigen Haß eintrug.«[201] Viele Stellen der Beschreibung erinnern an den Rat Niccolò Machiavellis, wie der Herrschaftserwerb eines Fürsten zu gestalten sei: »Er war boshaft und grausam, nicht immer aus bösem Willen, sondern häufiger aus Ehrgeiz und auch zur Sicherung oder Vergrößerung seines Besitzes. Freund und Feind behandelte er gleichermaßen: Wo immer er seinen Vorteil sah, schreckte er vor dem Tod keines Mannes zurück, dessen Leben seinen Zielen im Wege war.« Richard hätte gut zu den Beispielen gepaßt, die Machiavelli in seinem 1513 erschienenen *Principe (Der Fürst)*[202] anführt.

Die Charakterisierung Richards weist darüber hinaus eine ganze Reihe von klassischen und biblischen Anspielungen auf, die Richard zum einen in die Ahnenreihe der großen Tyrannen der Antike stellen und ihn zum anderen als Personifikation des Bösen erscheinen lassen: »Er war verschlossen und zurückgezogen, ein abgrundtiefer Heuchler, unterwürfig in der Miene und arroganten Herzens; nach außen freundlich, wo er innerlich haßte, zögerte er nicht, den zu küssen, den er zu töten beabsichtigte.« Die Anspielung auf den Judaskuß ist offensichtlich. Der historische Richard wird symbolisch überhöht zu einer diabolischen Figur im Dienste der göttlichen Vorsehung.

Morus und Machiavelli/Eine Studie des Machterwerbs

Betrachtet man die *Geschichte König Richards III.* als Geschichtsschreibung im Dienste der politischen Theorie, so läßt sie sich auch als eine Studie über Machterwerb interpretieren. Richards Vorgehen scheint sich Punkt für Punkt an den Maximen zu orientieren, die Niccolò Machiavelli – unabhängig von, doch fast zeitgleich mit Morus – für den aufgestellt hat, der die Macht in einem Staate ergreifen und erhalten will. Die Parallelen sind frappierend:

»So muß ein Herrscher milde, treu, menschlich, aufrichtig und fromm scheinen, und er soll es gleichzeitig auch sein; aber er muß auch die Seelenstärke besitzen, im Fall der Not alles ins Gegenteil wenden zu können. Man muß Verständnis dafür haben, daß ein Herrscher, und vor allem ein solcher in einer neu gegründeten Herrschaft, nicht alles beachten kann, wodurch die Menschen in einen guten Ruf kommen, sondern oft gezwungen ist, gegen Treue, Barmherzigkeit, Menschlichkeit und Religion zu verstoßen, eben um die Herrschaft zu behaupten. Darum muß er die Seelenstärke haben, sich nach den Winden des Glücks und dem Wechsel der Verhältnisse zu richten und [...] vom Guten so lange nicht abzugehen, als es möglich ist, aber im Notfall auch verstehen, Böses zu tun.«[203]

Macht ist das Ziel, Ehrgeiz die Motivation, Rationalität (im Hinblick auf den Machterwerb) und Amoralität sind die »Tugenden« des nach Macht strebenden Fürsten. Richard III., ein »Machiavellist«?

Zunächst geht es darum, den richtigen Augenblick (Machiavelli nennt dies »occasione«) abzupassen: Richards Plan, sich den englischen Thron anzueignen, rückt in greifbare Nähe, als Eduard IV. stirbt und dessen Söhne, Eduard V. und Richard, der Herzog von York, die rechtmäßigen Thronfolger, sich noch im Kindesalter befinden. König Eduard IV. war sich dieser Gefahr bewußt. Doch auch sein letzter Versuch, auf dem Totenbett Uneinigkeiten und Zwietracht innerhalb der eigenen Familie beizulegen, schlug fehl.

Richard bedarf nunmehr lediglich eines Vorwands, um den Thronfolger in seine Gewalt zu bringen. Hierzu macht er sich die Streitigkeiten zwischen der Familie des Königs und den Angehörigen der Königin nach dem Tod seines Bruders zunutze. Er beginnt sein Spiel um die Macht, indem er anprangert, daß die Vertrauten des Kronprinzen ausschließlich Verwandte der Königin und diesem nicht würdig seien, daß sie schlechten Einfluß ausübten und zudem die Vernichtung der Familie des Vaters des Prinzen planten. Als der zukünftige König zu den Krönungsfeierlichkeiten nach London reisen soll, überzeugt Richard die Königin, den Prinzen nur mit einer kleinen Gruppe von

Begleitern reisen zu lassen, um so nicht erneutes Mißtrauen der gerade »versöhnten« Familien untereinander zu schüren. So gelingt es ihm, den Prinzen von seinen Begleitern zu trennen, diese gefangenzunehmen und selbst die Bewachung des jungen Königs zu übernehmen. Als die Königin davon Nachricht erhält, flüchtet sie mit ihrem jüngeren Sohn und den Töchtern aus Westminster in eine naheliegende kirchliche Freistatt.

Der nächste Schritt Richards gilt der Suche nach unverdächtigen Verbündeten. Von Anfang an steht ihm der ehrgeizige Herzog von Buckingham zur Seite. Richard wird in ihm einen einflußreichen und redegewaltigen Fürsprecher seiner Thronansprüche finden. Zunächst jedoch ist ihm vor allem William Lord Hastings dienlich. Der vormals enge Vertraute und Lordsiegelbewahrer Eduards IV. ist zwar nicht in Richards Pläne eingeweiht; aber besorgt um sein Wohl und das der Prinzen, fürchtet er den großen Einfluß der Familie der Königin. Entgegen bereits geäußerten Vermutungen, die Krönung des Prinzen sei in Gefahr, beteuert Lord Hastings daher die Loyalität des Herzogs von Gloucester gegenüber dem zukünftigen König. Die Festnahme von Angehörigen der Partei der Königin begründet er damit, daß diese gegen die Herzöge von Gloucester und Buckingham intrigiert hätten. Der Herzog von Gloucester zeigt sich Eduard gegenüber überdies solchermaßen untertänig und demütig, daß er vom Kronrat zum Protektor des Königs und des Reiches gewählt wird. »So wurde – war es Schicksal oder Narrheit? – das Lamm in die Obhut des Wolfes gegeben.«[204]

Richards nächstes Ziel ist es nun, auch den jüngeren Bruder des Königs in seine Gewalt zu bekommen. Denn der Knabe, der sich mit seiner Mutter im Kirchenasyl befindet, steht noch vor ihm an zweiter Stelle in der Thronfolge. Er läßt der Königin durch den Erzbischof von Canterbury unterbreiten, daß er um das Wohlergehen Eduards V. sowie dessen jüngeren Bruders besorgt sei und befürchte, die Freistatt könne nicht die angemessenen Privilegien bieten. Es sei von nicht zu unterschätzender Wichtigkeit, daß der König einen gleichaltrigen Freund gleichen Stands bei sich habe. Man sei daher entschlossen, den Bruder des Königs auch gegen den Willen seiner Mutter aus der Freistatt zu entfernen, zumal dieser sich, da ihm keine Gefahr durch ein Gesetz drohe, dort unrechtmäßigerweise aufhalte. Die Königin erkennt die Gefahr, die ihren Söhnen droht, und äußert offen ihre Befürchtungen gegenüber dem Erzbischof. Im Vertrauen auf die Loyalität des Bischofs entscheidet sie sich schließlich, das Kind dem Protektor zu übergeben. Dieser läßt den König und dessen jüngeren Bruder sofort in den Tower bringen.

Die Thronerben sind aus dem Weg geräumt. Es gelingt Richard außerdem, den Kronrat in Sicherheit zu wiegen. Der Herzog von Buckingham, der spätestens zu diesem Zeitpunkt wohl in die Pläne Richards eingeweiht ist, und der Protektor beginnen geheime Beratungen über das weitere Vorgehen. Richard lädt auch die übrigen Lords (darunter auch John Morton, den Bischof von Ely) nach London ein, um die Krönung Eduards zu planen. Es tagen nunmehr zwei Kronräte an verschiedenen Orten, was Besorgnis aufkommen läßt. Doch Hastings beruhigt sie, da er seinen Verwalter William Catesby in der Runde um Richard weiß und somit nichts Übles befürchtet. Was er jedoch nicht weiß, ist, daß Catesby am Verrat gegen den König beteiligt ist und dem Herzog von Gloucester dessen Ermordung empfiehlt.

Am 13. Juni unterbricht Richard die im Tower stattfindenden Vorbereitungen des Kronrats. Er bezichtigt die Königin und ihre Familie des Verrats und der Hexerei, läßt alle Mitglieder des Kronrats verhaften und die gefangenen Begleiter des Königs in Promfret hinrichten. Richard klagt nun auch Lord Hastings des

Verrats an und läßt ihn noch am selben Tage enthaupten: »So endete dieser ehrenhafte Mann, ein guter Ritter, liebenswürdig, von großem Einfluß beim König, zwar von etwas ausschweifendem Lebenswandel, aber geradeheraus und offen gegenüber seinem Feind, vertraulich zu seinem Freund, leicht zu hintergehen als jemand, der ein gutes Herz besaß und keine Gefahren vorausahnte; ein liebenswürdiger Mann, der überall geschätzt wurde, aufrichtig und durchaus vertrauenswert, aber selbst zu vertrauensvoll.«[205]

Richards nächstes Ziel liegt darin, das Volk gegen den jungen König aufzubringen. Er läßt John Shaa, einen Doktor der Theologie, den er zu seinem Zirkel von Anhängern zählt, im Kirchhof von St. Paul's Cathedral eine Predigt halten, in der die verleumderische Behauptung aufgestellt wird, daß weder sein eigener Bruder Eduard IV. noch dessen Söhne aus einer ehelichen Verbindung stammten; Richard sei aus diesem Grunde der einzige rechtmäßige Thronfolger. Doch weder diese noch eine Rede des Herzogs von Buckingham in der Gildenhalle, in der dieser die Mißstände während der Regierungszeit Eduards IV. anprangert, überzeugen die Mehrheit der Londoner Bürgerschaft, den Protektor an die Spitze des Staates zu stellen: »Und sogleich wiederholte er etwas lauter und in anderer Reihenfolge und mit anderen Worten die Sache noch einmal, so gut und beredt und dabei noch so einleuchtend und klar, mit so angenehmer und passender Stimme, Gebärde und Miene, daß jeder, der ihn hörte, sich wunderte und der Ansicht war, niemals in seinem Leben eine so böse Geschichte so gut erzählt bekommen zu haben.«[206] Es gelingt Lord Buckingham zwar nicht, die Bürger hinter sich zu bringen, doch Widerspruch wagt ebenfalls keiner.

Unter der Führung des Herzogs von Buckingham sucht man nun den Protektor auf und bittet ihn, die Krone anzunehmen. Dieser lehnt die Bitte zunächst mit der fadenscheinigen Begründung ab, er liebe seinen Bruder und dessen Nachfolger zu sehr und wolle seine Ehre nicht befleckt sehen durch die Behauptung, er hätte den König entthront. Vom Londoner Bürgermeister wird er jedoch »angefleht«, die Krone zu akzeptieren; und so willigt er schließlich ein.

Mit einer Rede versucht Richard jetzt, da er sein Ziel erreicht hat, die Vertreter aller Stände für sich zu gewinnen: »Im Endeffekt sollte die Rede den Versammelten klarmachen, daß niemand ihn aus Angst zu hassen brauchte. Mit vorgetäuschter Milde versuchte er, den guten Willen der Leute zu erlangen, indem er auf die Nachteile der Zwietracht und die Vorteile der Eintracht verwies. Er verkündete öffentlich, daß er alle Feindschaft aus seinem Gedächtnis gestrichen habe, und daß er hiermit für alle früher gegen ihn ausgeführten Angriffe Pardon gebe. [...] Auf dem Heimweg grüßte er jeden, der ihm begegnete; denn ein Gemüt, das sich schuldig weiß, wird zu kriecherischer Schmeichelei erniedrigt.«[207]

Am 6. Juli wird Richard gekrönt. Damit endet die lateinische Fassung, die englische Version verfolgt Richards Schicksal ein Stück weiter: »Und weil eine bös begonnene Sache niemals gut endet, hörten während seiner gesamten Herrschaftszeit grausamer Mord und Totschlag nicht auf, bis sein eigener Untergang dem ein Ende setzte.«[208] Um seine Position als neuer König zu festigen, beschließt Richard III. auf dem Weg nach Gloucester, sich seiner beiden Neffen zu entledigen. Er weiht Sir James Tyrell in sein Vorhaben ein; dieser läßt die beiden Prinzen bei Nacht in ihren Schlafgemächern im Tower töten. Die Leichen der Knaben werden nie gefunden. König Richard III. plagen weiterhin Sorgen: Er kommt nicht zur Ruhe; es quält ihn sein schlechtes Gewissen; er entzweit sich mit Buckingham, der eine Koalition gegen ihn schmiedet, die erneut zum Bürgerkrieg führt.

Betrachtet man Richards Vorgehensweise streng »machiavellistisch«, so scheitert er. Es gelingt ihm nicht, alle seine Konkurrenten – seinen ehrgeizigen Mitverschwörer Lord Buckingham und den im Exil abwartenden Heinrich Richmond – und Gegner – Eduards Witwe Margaret und Bischof John Morton – auszuschalten.[209] Den Sieg trägt schließlich Heinrich VII. und mit ihm das Haus Tudor davon. Ihm kommt es zugute, daß Richard vor seinem Tod alle anderen Thronanwärter aus dem Weg geräumt hat. Insofern erfüllt Richard eine Funktion: Er ebnet Heinrich VII. den Weg.

Die wesentlichen Unterschiede zwischen Morus und Machiavelli finden sich im Geschichtsverständnis wie in der Absicht der beiden Denker: Machiavellis *Principe* löst sich vollkommen aus dem heilsgeschichtlichen Rahmen des christlichen Mittelalters. Morus' Denken hingegen bleibt dem Glauben an eine göttliche Ordnung verhaftet. Machiavellis Schrift ist amoralisch-präskriptiv: Ein Fürst, der Macht erwerben will, soll sich an solchermaßen erarbeiteten Vorgaben orientieren. Morus' *Geschichte König Richards III.* hingegen ist normativ-deskriptiv: Der durch Richard repräsentierte Fürst der Renaissance, der sich über alle weltlichen und göttlichen Gesetze hinwegsetzt, entspricht mitnichten den Vorstellungen, die Morus selbst von einem guten Fürsten hat: »Richard, der Herzog von Gloucester, von Natur aus ihr Onkel, von Amts wegen ihr Protektor, ihrem Vater verpflichtet, an sie selbst durch Eid und Gefolgschaftstreue gebunden, zerriß alle Bande, die Mensch und Mensch verbinden, ohne jeden Respekt vor Gott oder der Welt. Er plante auf widernatürliche Weise, sie nicht nur ihrer Würde, sondern auch ihres Lebens zu berauben.«[210]

Richard III. und Utopia/Versagen des einzelnen und der politischen Ordnung

Die *Geschichte König Richards III.* ist auch ein Exempel für die verheerenden Konsequenzen menschlicher Leidenschaften in der Politik – Stolz, Neid und Ehrgeiz leiten alle Personen des Geschehens. Diese hellsichtige Erkenntnis legt Morus Eduard IV. auf dem Sterbebett in den Mund: »Nirgends findet man so unversöhnlichen Zwist wie unter jenen, die durch Natur und Gesetz am meisten einig sein sollten. So verderbenbringende Schlangen sind Ehrgeiz, Prahlsucht und Machtgier, daß sie, wo sie sich im Adel erst einmal eingeschlichen haben, so weit fortkriechen, bis sie durch Uneinigkeit und Streit alles ins Unglück gestürzt haben. Am Anfang steht das Verlangen, Nächstbester zu sein, dann gleich mit dem Besten und schließlich Herr und über dem Besten.«[211] Nicht nur Richard, auch alle anderen Personen fallen ihrem Ehrgeiz zum Opfer. In der Schlußpassage von *Utopia* finden sich ähnliche Formulierungen. Die Natur des Menschen, geprägt durch »superbia«, stellt eine permanente Gefahr für die Stabilität der politischen Ordnung dar.

Die politische Katastrophe, d.h. die Tyrannei Richards, ist jedoch nicht nur die Folge individuellen Versagens, sondern – in einer Zeit, in der Person und Amt eng miteinander verknüpft sind – zugleich das Versagen der politischen Institutionen. Dies betrifft alle Einrichtungen, insbesondere Adel und Klerus, deren Vertreter allesamt ihrem Ehrgeiz zum Opfer fallen: die Verwandten der Königin, die noch zu Lebzeiten Eduards IV. versuchten, Lord Hastings aus seinem Amt zu drängen, und später uneingeschränkten Einfluß auf die Erziehung der Prinzen nehmen wollten; Lord Buckingham, der schließlich selbst gegen Richard konspiriert; und Hastings, der, obschon ehrgeizig und selbstbewußt, aufgrund seiner Vertrauensseligkeit versagt. Auch der Klerus ist gegen Ehrgeiz nicht gefeit, einige seiner Angehörigen lassen sich zudem von Richard einschüchtern: der Erzbischof von York, der der Königin nach ihrer Flucht in die kirchliche Freistatt das Reichssiegel überläßt, aber es sodann ängstlich wieder zurückverlangt; der Klerus im Kronrat, der auf Drängen Richards und Lord Buckinghams die Freigabe der kirchlichen Freistatt erwägt; der Kardinal, der die Königin zur Herausgabe ihres jüngsten Sohnes nötigt; ehrgeizig ist auch der eilfertige Priester, der in seiner Predigt die Erbrechtsansprüche der Prinzen bestreitet.

Die persönlichen Qualitäten des Fürsten sind, so Morus in *Utopia*, von eminenter Bedeutung für den Erhalt der Ordnung des monarchischen Staates. Eine gute Erziehung und vor allem gute Beratung des Fürsten verhindern die Einflußnahme konkurrierender Parteien. Eine christlich-humanistische Erziehung, wie sie Erasmus von Rotterdam in seiner *Institutio Principis Christiani*[212] entwarf, ist die beste Lösung, aber nur schwer zu verwirklichen. Es ist dies ein Problem, das Morus auch in seiner *Geschichte König Richards III.* beschäftigt: »Auch wenn jede Partei die Oberhand zu gewinnen sucht, wird Schmeichelei mehr Raum haben als klarer und aufrichtiger Rat. Hieraus ergibt sich notwendigerweise eine schlechte Erziehung des Prinzen, dessen Geist, wenn er in frühester Jugend erst einmal verdorben worden ist, leicht in Übermut und Aufruhr geraten und dieses große Reich mit sich in den Untergang reißen kann, sofern nicht die Gnade ihm zur Weisheit verhilft.«[213] Doch damit, auf die Gnade Gottes zu warten, will sich Morus nicht begnügen. Das Problem der Fürstenberatung und damit der Rolle des Philosophen – in *Utopia* formuliert – klingt hier an.

Solange die Ordnung vom Machtstreben und Ehrgeiz des Fürsten abhängt und dieser nicht dem Gemeinwohl, sondern seinen eigenen Interessen verpflichtet ist, ist die Gefahr der

Tyrannei allgegenwärtig. Implizit fordert Morus auch hier die Rationalität der Herrschaft. Nur diese kann die Machtkämpfe beenden, ihre Einwirkung kann sie zumindest eindämmen.

Geht man davon aus, daß Morus seine Arbeit an der *Geschichte König Richards III.* bereits um 1513/14 aufnahm und diese wohl bis 1522 fortsetzte, bedeutet dies, daß er zumindest zeitweise parallel daran und an *Utopia* gearbeitet hat und die beiden Werke also eher komplementär als antithetisch zu verstehen sind.[214] Bischof Morton tritt auch in *Utopia* auf, und in der *Geschichte König Richards III.* handelt er so, wie *Morus* dies (dem Philosophen) Raphael in *Utopia* empfiehlt. Morton erkennt die Natur der Menschen (den Ehrgeiz Buckinghams) und weiß um die göttliche Vorsehung. Er versucht, im Rahmen des Möglichen das Beste aus dem zu machen, was er vorfindet. Hierzu muß er jedoch von der Lehre der Philosophie und des Christentums von Fall zu Fall abweichen, sich konkret in die politischen Geschicke des Landes einmischen und sogar Intrigen schmieden. So zeigt sich das unvermeidliche Schicksal des politisch Tätigen.

Wirkung / Shakespeares Richard III.

Richard III. wurde zum Inbegriff des skrupellosen Renaissance-Fürsten, bekannt vor allem als Figur des letzten Teils von Shakespeares Lancaster-Trilogie. Shakespeare bediente sich für sein um 1592/93 entstandenes Königsdrama *The Tragedy of King Richard the Third* zweier Vorlagen: Edward Halls *The unyon of the two noble and illustre families of Lancastre & York* und *Raphael Holinsheds Chronicles of England, Scotland and Ireland*, die sich wiederum beide eng an Thomas Morus' *Geschichte König Richards III.* und der 1557 veröffentlichten *Anglica Historia* des italienischen Gelehrten Polydore Vergile anlehnten. Die zahlreichen Anleihen Shakespeares bei Morus manifestieren sich sowohl in inhaltlichen Parallelen wie in wörtlichen Entlehnungen.[215] Die Darstellungen gleichen sich über weite Strecken.

Natürlich gibt es auch eine Reihe von Unterschieden: Die Handlung in Shakespeares Stück ist zeitlich stark gerafft und überblickt einen größeren Zeitraum. Sie setzt kurz nach der Ermordung Heinrichs VI. ein und endet mit dem Tod Richards und dem Sieg Heinrich Richmonds in der Schlacht von Bosworth. Alle Opfer von Richards maßlosem Ehrgeiz haben sich – mit Ausnahme der beiden Prinzen – zuvor schuldig gemacht, indem sie Heinrich VI. den Thron geraubt, ihn und seinen Erben ermordet oder von deren Ermordung zumindest profitiert haben. Auch in Shakespeares Stück ist Richard eine »gottgewollte Geißel [...] zur Bestrafung Englands«[216]. Seine Opfer waren alle Täter, die bereits zu Beginn des Dramas von der Witwe Heinrichs VI. und seiner Schwiegertochter Anna, deren Gatte von Richard und George in der Schlacht von Tewkesbury getötet wurde, verflucht wurden; ihr Schicksal deutet sich in dunklen Ahnungen und Prophezeiungen an.

Der maßgebliche Unterschied zwischen Shakespeares Drama und Morus' Geschichte liegt darin, daß bei Shakespeare die nach dem Tod Heinrichs VI. verlorengegangene Ordnung mit der Krönung Heinrichs VII. wiederhergestellt ist. Er ist weitaus eher der Apologet der Tudor-Monarchie, als Morus dies war. Aber auch Shakespeares Stück ist eine Parabel über den Erwerb (und Verlust) von Macht. Er zeigt und analysiert – darin Morus ähnlich – die zeitlosen Mechanismen der Politik. Erst eine vollständige Rationalität würde das Spiel beenden und eine »politiklose« Ordnung herstellen – Morus hat deren Bedingungen in *Utopia* vorgestellt.

3. Wirkungsgeschichte und Ausblick

Von Morus' Werken zeitigte unzweifelhaft *Utopia* die größte Nachwirkung. Als Vorbild für ein neues Genre der politischen Literatur wirkte sie bereits in der Renaissance gattungsbildend. In der zweiten Hälfte des 19. Jahrhunderts wurde *Utopia* von Karl Marx und Friedrich Engels entdeckt und als frühes Beispiel des utopischen Sozialismus interpretiert. Der Kämpfer wider die Häresie wurde zum Vorläufer des Kommunismus. In diese Tradition gehört die Studie Karl Kautskys, die exemplarisch ausführlicher dargestellt werden soll, gilt doch Morus als ein Kommunist und Vorläufer späterer tatsächlich verwirklichter sozialistischer Ordnungen. Morus ist aber auch der Heilige der Kirche, was ebenfalls zu beachten ist. Das Bild Morus' bleibt in Bewegung. Ein abschließendes Urteil ist schwer.

Morus und die Utopie

Morus begründete mit *Utopia* eine eigenständige Gattung der politischen Literatur, die in Anlehnung an den Titel seiner Erzählung als »Utopie« bezeichnet wird. Die Bezeichnung ist nicht unproblematisch; Morus' Text befindet sich – und dies ist ein Vorzug der *Utopia* – an der Grenzlinie zwischen literarischer Fiktion und politischem Traktat.[217]

Während die ersten auf *Utopia* folgenden politischen Utopien sich formal und inhaltlich eng an Morus' Schrift anlehnten, entwickelte sich im Verlauf der Zeit eine eigenständige Gattung, deren Charakteristika nunmehr klarer zu benennen sind: Als politische Utopien werden Erzählungen bezeichnet, die ein ideales Gegenbild zu den konkreten sozialen, politischen und ökonomischen Verhältnissen der Epoche des Verfassers entwerfen. Dieses Ideal wird jedoch nicht in Form eines politischen Maßnahmenkatalogs oder Programms vorgestellt, die Utopie hat vielmehr den Charakter eines Gedankenexperiments, dessen Ergebnisse dem Leser nicht diskursiv vermittelt, sondern bildlich vor Augen geführt werden.

Diese Definition erlaubt auch eine Abgrenzung der Utopie zu anderen literarischen Gattungen wie der (in Anlehnung an Daniel Defoes *Robinson Crusoe*) sogenannten Robinsonade oder dem Bildungs- und dem Schäferroman. Während die politische Utopie ein ideales politisches Gemeinwesen entwirft, geht es im Bildungs- und Schäferroman wie in der Robinsonade um die Persönlichkeitsentwicklung einzelner Individuen. Auch die weitere literarische Entwicklung läßt eine Möglichkeit der Grenzziehung offen: Der wesentliche Unterschied zu modernen literarischen Gattungen wie dem Zukunfts- oder Science-fiction-Roman besteht darin, daß Utopien sich zumindest nicht primär mit den Möglichkeiten des technischen Fortschritts beschäftigen, sondern ihr Ideal als kritischen Gegenentwurf zur zeitgenössischen gesellschaftlichen und politischen Wirklichkeit formulieren.

Die Vorbildfunktion von Morus' *Utopia* zeigt sich neben der Namensgebung in einer Reihe von Gattungscharakteristika, die bis in die politischen Utopien und Antiutopien des 20. Jahrhunderts nachwirken oder reflektiert werden; so etwa die bereits von Morus in *Utopia* vorgenommene örtliche Entrückung und Isolation der idealen Gemeinschaft, die in den frühen Utopien häufig auf abgeschiedenen Inseln angesiedelt wird. Man denke beispielsweise an Bacons *Neu-Atlantis* oder Schnabels *Insel Felsenburg.* Im Zuge der weitgehenden Erkundung des Planeten Erde wichen die Autoren von Utopien dann zunehmend in zeitliche Ferne aus, so etwa Mercier mit dem *Jahr 2440* oder Orwell mit *1984*. Der wesentliche Grund für diese Entfernung liegt in der Möglichkeit, die Existenzfähigkeit einer solchen idealen Ordnung zu bestärken. Sie bietet dem zeitkritischen Autor der Utopie zudem Schutz vor politischer Verfolgung.

In der direkten Nachfolge von Morus' *Utopia* entstanden während der Renaissance und des Barock eine Reihe politischer Utopien. Am bekanntesten sind *Christianopolis* (1619) von Johann Valentin Andreae, Tommaso Campanellas *Sonnenstaat* (1602) und Francis Bacons *Neu-Atlantis* (1624/27). Diese Utopien entnehmen viele Ideen der *Utopia* und direkt oder über deren Vermittlung auch der *Politeia* Platons. Der starke Einfluß, den die *Politeia* vor allem auf jene frühe historische Form der politischen Theorie nahm, läßt sich vermutlich auf eine grundlegende Gemeinsamkeit zurückführen: Sowohl Platon als auch die Autoren der Renaissance und des frühen Barock lebten in Phasen gesellschaftlicher und politischer Desintegration, die nach einer radikalen Kritik der herrschenden Zustände verlangten: Sah sich Platon mit dem Zerfall der Ordnung der athenischen »polis« konfrontiert, so hatten die Renaissanceautoren den Sieg des Absolutismus über die christlich-mittelalterliche Feudalordnung, blutige Religionskriege sowie die Entwicklung kapitalistischer und merkantilistischer Wirtschaftsformen vor Augen. Wie Platon (und Morus) entwerfen diese Autoren ein dem »Gemeinwohl« verpflichtetes Ideal des »besten« Gemeinwesens. Die wirtschaftlichen und gesellschaftlichen Voraussetzungen für die Verwirklichung und Erhaltung einer solchen idealen Gesellschaft wurden – wiederum in Anlehnung an Platon und Morus – in der Gütergemeinschaft gesehen, die Führung wurde in der

Regel den Vertretern einer Geistesaristokratie übertragen. Einer der wesentlichen Unterschiede zu dem elitär-ständischen Gesellschaftsideal Platons findet sich schon in Morus' *Utopia:* Die Aufwertung, die Morus der Arbeit widerfahren läßt, reflektiert eine sowohl christlich als auch frühkapitalistisch motivierte Wertschätzung von Arbeit, die der Antike fremd war.[218]

Der bereits in den Utopien der Renaissance bedeutsame Glaube an die Erkenntnisfähigkeit und Gestaltungskraft der menschlichen Vernunft gewann in der Zeit der Aufklärung an Bedeutung. In jener Zeit entstanden Fénelons *Abenteuer des Telemach* (1699), Johann Gottfried Schnabels *Insel Felsenburg* (1731/43) und Louis-Sébastien Merciers *Jahr 2440* (1771). In der Aufklärung differenzierte sich die Utopie in eine herrschaftsbezogene (etatistische) und eine herrschaftsfreie (anarchistische) Form. Die utopischen Gemeinwesen der Aufklärung vertraten zumeist Gegenpositionen zu dem seit Thomas Hobbes und John Locke zunehmend auf der Idee des Kontraktualismus beruhenden Staatsverständnis. Zugleich wendete sich die Kritik gegen die politischen und gesellschaftlichen Verhältnisse des Ancien régime, vor allem gegen den absolutistischen Staat Ludwigs XIV.

Im Laufe des 19. Jahrhunderts setzte sich die auch heute verbreitete negative Bedeutung der Begriffe »Utopie« und »utopisch« durch. Als utopisch bezeichnet wurden politische oder allgemeine Wunschträume, Luftschlösser – Ideen, die von vornherein zum Scheitern verurteilt sind, weil die Bedingungen zu ihrer Verwirklichung nicht in ausreichendem Maße berücksichtigt werden. Die politischen Utopien, die im Gefolge des Industrialisierungsprozesses entstanden, sind unter anderem Claude-Henri de Saint Simons *Du Système Industriel* (1819), die Schriften Charles Fouriers und Robert Owens sowie H. G. Wells' *A Modern Utopia* (1905). In den Mittelpunkt dieser Utopien rückt das Problem der industriellen Technik und die damit verbundene soziale Frage. Die Kapitalismuskritik wird schärfer, der Nutzen moderner Technik an sich wird jedoch noch nicht in Frage gestellt. Im Gegenteil sieht man im technischen Fortschritt eine unabdingbare Voraussetzung für die Lösung der sozialen Probleme.

Die Utopie zu Beginn des 20. Jahrhunderts wird vor allem von A. Bogdanows *Rotem Planeten* (1907) und *Ingenieur Menni* (1912) repräsentiert sowie – in interpretatorischer Absicht – in einigen Schriften Lenins und Trotzkis behandelt. Die klassischen Utopien werden allerdings bald von sogenannten Antiutopien oder »schwarzen« Utopien abgelöst, die als Gegenreaktion auf das als gescheitert zu betrachtende sozialistische Experiment der Bolschewiken beziehungsweise auf die beunruhigenden Entwicklungen in der westlich-kapitalistischen Welt zu verstehen sind: Jewgenij Samjatins *Wir* (1920), Aldous Huxleys *Schöne neue Welt* (1932) und George Orwells *1984* (1949) sind Ausdruck dieses negativen »Umschlags« innerhalb der utopischen Gattung. Das bis dahin weitgehend nicht in Frage gestellte Gemeinschaftsideal wird, bedingt durch die Erfahrungen mit totalitären Systemen, neu überdacht. Das utopische Ideal wird entzaubert. Ein gewandeltes Verhältnis zur Technik und eine Krise des Fortschrittsdenkens lassen Zweifel an der Verantwortungsfähigkeit des Menschen aufkommen. Die bereits in den frühen Utopien der Renaissance angelegten kollektivistischen Gemeinwesen werden radikal zu Ende gedacht: Die Versöhnung des einzelnen mit der Gemeinschaft wird als Unmöglichkeit entlarvt. Das Kollektiv, die Partei, die Nation oder der Staat setzt sich um den Preis der vollkommenen Auslöschung des Individuellen durch.

Diese Antiutopien bedeuteten jedoch nicht den Tod der politischen Utopie an sich. Die Utopien der zweiten Hälfte des 20. Jahrhunderts üben sich in einem – wenn auch nur vorsichtigen – Optimismus. Diese Texte, etwa B. F. Skinners *Futurum*

Zwei (1948), Aldous Huxleys *Eiland* (1962) oder Ernest Callenbachs *Ökotopia* (1975), stellen Reaktionen auf die neuen sozialen, ökonomischen und neuerdings auch ökologischen Herausforderungen unserer Zeit dar: Umweltzerstörung, der Nord-Süd-Konflikt und die Frauenfrage stehen im Mittelpunkt. Es ist schwieriger geworden, Utopien zu schreiben, nicht aber unmöglich.

Die sozialistische Rezeption

Bereits Karl Marx und Friedrich Engels hatten Morus zu einem frühen Vertreter des utopischen Sozialismus erklärt. Die wohl bekannteste marxistische Interpretation der *Utopia* lieferte jedoch Karl Kautsky, ein österreichischer Sozialist und enger Mitarbeiter Engels, in seiner Studie *Thomas More und seine Utopie* von 1890.

Kautsky, der *Utopia* als das Werk des »ersten modernen Sozialisten«[219] interpretiert, beginnt seine Studie zunächst mit einer – streng nach Marx und Engels materialistischer Methode durchgeführten – historischen Untersuchung des Zeitalters des Humanismus und der Reformation. In deren Mittelpunkt stellt er den Übergang von der feudalen zur frühkapitalistischen Wirtschaftsordnung sowie die politischen und sozialen Folgen: Die Einführung der (früh-)kapitalistischen Produktionsweise in der Landwirtschaft und die Entwicklung des Wollhandels hatten erstmals zur Entstehung eines Proletariats geführt und damit die sozioökonomische Grundlage hervorgebracht, vor deren Hintergrund Morus – so Kautskys Interpretation – erste Ansätze zu einem theoretischen Sozialismus entwickeln konnte. Dabei ist Kautskys primäres Anliegen, den Widerspruch zwischen der in *Utopia* entfalteten kommunistischen (revolutionären) Theorie und der politischen und religionspolitischen (reaktionären) Praxis im Wirken Thomas Morus' zu erklären. Ein in der Tat schwieriges Unterfangen.

Kautsky interpretiert *Utopia* als das Werk eines Mannes, dem es aufgrund der ökonomischen und politischen Entwicklungen seiner Zeit, seiner humanistischen Bildung, seines spezifischen Charakters sowie seiner ökonomischen und praktischen Erfahrung bereits zu Beginn des 16. Jahrhunderts möglich war, einen der zentralen Grundsätze zu formulieren, »der eine der Grundlagen des modernen Sozialismus bildet, daß der Mensch ein Produkt der materiellen Verhältnisse ist, in denen er lebt, und daß eine Menschenklasse nur gehoben werden kann durch eine entsprechende Aenderung der ökonomischen Verhältnisse«[220].

Wo die Einrichtungen der Utopier hinter den Zielen des modernen Sozialismus zurückbleiben – die Bedürfnislosigkeit der Utopier, die Notwendigkeit der Sklaverei, die Stellung der Frau und anderes –, ist dies, so Kautsky, auf die unzureichenden wirtschaftlichen Kapazitäten des frühkapitalistischen Zeitalters zurückzuführen. Die Intentionen Morus' gingen grundsätzlich aber in die richtige Richtung. Neben den kommunistischen Zügen weise *Utopia* allerdings auch Spuren des aufkommenden Kapitalismus auf: Die Ausdehnung des Welthandels, die die Herausbildung der Nationalstaaten zur Folge hatte, spiegle sich in *Utopia* insofern, als die Insel eine nationale, aber keine ständische oder kommunale Ordnung aufweise. Die Entwicklung der Idee des Nationalstaates werde vom Zurückweichen ständischer und lokaler Unterschiede begleitet; die Idee der Gleichheit aller Angehörigen der Nation beschränke sich in kapitalistischen Staaten jedoch auf den Anspruch auf gleiche Konkurrenzbedingungen. In *Utopia* werde die Idee der Gleichheit in der Arbeitspflicht für alle und in der Bemühung, den aufkeimenden Gegensatz zwischen Stadt und Land aufzuheben, reflektiert.

Utopia ist in dieser Sicht nicht das literarische Vexierspiel eines humanistischen Gelehrten, sondern die Schrift eines oppositionellen Kritikers, der auf die Regierung und die politische Ordnung Englands einwirken wollte und zu seinem eigenen Schutz bemüht war, »zwischen den Zeilen das Gegentheil von dem lesen zu lassen, was auf ihnen geschrieben stand«[221]. Eine solche Interpretation erinnert an Leo Strauss'[222] Unterscheidung zwischen einer exoterischen (offenkundigen) und einer esoterischen (verborgenen) Seite der Werke der politischen Theorie: Der wahre Kern einer Theorie kann sich nur dem Eingeweihten erschließen, auch um den Autor gegebenenfalls vor politischer Verfolgung zu schützen. Diese Überlegung läßt Kautsky zu einem Schluß kommen, der seine Lesart der *Utopia* weitgehend bestimmt: Raphael sei in beiden Büchern der *Utopia* das »wahre« Sprachrohr des Autors. Der Ruhm, den *Utopia* dem Autor einbrachte, und die Hoffnungen, die Morus in den neuen König setzte, ließen ihn dann das Angebot, in seine Dienste zu treten und die Chance zur Verwirklichung seiner Ideen zu ergreifen, wahrnehmen.

Morus' rigider Katholizismus, seine Verteidigung der Institutionen der katholischen Kirche und die Verfolgung der »lutherischen« Volksbewegung in England seien nicht auf die (zugegebenermaßen an religiösen Fanatismus grenzenden) religiösen Überzeugungen des humanistischen Gelehrten zurückzuführen, sondern Folge seiner politischen und ökonomischen Erkenntnisse, zu denen Morus aufgrund seiner humanistischen Bildung und seiner politischen Beschäftigung mit wirtschaftlichen Problemen gelangt war. In der katholischen Kirche sah Morus die einzige Institution, die sich der Armenpflege verpflichtet hatte und durch ihr Festhalten an der feudalen Wirtschaftsordnung den sozialen Verwerfungen des Frühkapitalismus entgegenwirken konnte. Die englische Reformation hingegen war vor allem eine Angelegenheit der Herrschenden, insbesondere des Königs, der seine eigenen machtpolitischen und ökonomischen Interessen verfolgte. Das einfache Volk hingegen habe unter den römischen Steuern und Ablässen nur wenig gelitten und sich erst sehr viel später mit der reformierten englischen Kirche identifiziert. Der deutschen Ausprägung des frühen Lutherismus als Bewegung des Volkes gegen Papsttum und Fürsten wiederum habe Morus skeptisch gegenübergestanden, da er in der Praxis (nicht in der Theorie) letztlich als Vertreter seiner Klasseninteressen gehandelt habe. Im Interesse der Kaufleute lag in erster Linie die Schaffung politischer Ordnung unter einem absoluten Fürsten: »Das Kapital hat stets nach ›Ordnung‹ gerufen, nur zeitweise nach ›Freiheit‹. Die ›Ordnung‹ war sein wichtigstes Lebenselement; More, der in dem Ideenkreise des Londoner Bürgerthums großgeworden, war daher ein ›Ordnungsmann‹, der nichts mehr scheute, als eine selbständige Aktion des Volkes. Alles für das Volk, nichts durch das Volk, das war seine Losung.«[223]

Dies sei der eigentliche Grund, warum Morus die deutsche Reformation und die Verbreitung ihrer Ideen in England bekämpft habe; er habe in der Volksbewegung der Reformation eine Gefahr für das Fürstentum gesehen. Vor allem die Gefahr für den Staat, nicht die religiöse Gefahr der neuen Lehre habe Morus in seinen verschiedenen Streitschriften herausgestrichen. Er konnte sich nicht vorstellen, die Vermehrung fürstlicher Macht zu begrenzen. Diese sollte »von oben« eingeschränkt werden, d.h. durch die Autorität des Papstes und ein diesem übergeordnetes Konzil – beseelt vom Geiste des Humanismus.

Was Morus vom modernen Sozialismus trennt und seine Bezeichnung als »utopischer Sozialist« gerechtfertigt erscheinen läßt, sind nicht seine Ziele, sondern die Mittel zu deren Verwirklichung. Morus, der den reformatorischen Volksbewegungen mißtrauisch gegenüberstand, da er sich als Vertreter der Stadt London letztlich mit den Interessen des aufkommenden Bürgertums identifizierte, habe nur eine Möglichkeit zur Schaffung von Ordnung gesehen: »Ein Fürst, Utopus mit Namen, erobert das Land und drückt ihm den Stempel seines Geistes auf; alle Einrichtungen in Utopien sind auf ihn zurückzuführen. [...] In dieser Weise stellte Morus sich die Verwirklichung seiner Ideale vor: er war der Vater des utopistischen Sozialismus, der mit Recht nach der ›Utopia‹ seinen Namen erhalten hat. Derselbe ist utopistisch weniger wegen der Unerreichbarkeit der Ziele, als wegen der Unzulänglichkeit der Mittel, die ihm zu deren Erreichung zu Gebote stehen, oder die er anwenden will.«[224]

Kautskys Interpretation hat gewiß ihre Meriten: Die Kritik, die Morus in *Utopia* an den herrschenden Zuständen übt, beruht auf einer scharfsinnigen Analyse der politischen und ökonomischen Entwicklungen der beginnenden Neuzeit. Doch das von Morus entwickelte ideale Gegenbild zu der herrschenden Ordnung speist sich aus den Idealen einer noch äußerst gegenwärtigen Vergangenheit. Morus will die politische Ordnung, in der er lebt, erhalten, nicht sie erneuern. Wenn Kautsky Morus daher in allen Bereichen als Vordenker des modernen Sozialismus charakterisiert, preßt er ihn letztlich in das Prokrustesbett seiner eigenen vorgefaßten Meinung; der fanatische Christ und unnachgiebige Ketzerverfolger paßt natürlich nicht in dieses Bild.

Der Heilige der katholischen Kirche/»omnium horarum«

Thomas Morus ist ein Heiliger der katholischen Kirche, Zeuge des Glaubens und Märtyrer. Als solcher wurde er über die Jahrhunderte – schon vor seiner Heiligsprechung – verehrt. In der Tat nötigt seine Haltung im Angesicht des Todes auch heute

Respekt ab. Wenn das Leben eine Vorbereitung auf das Sterben ist und Philosophie die »ars moriendi«[225], dann war Thomas Morus ein Meister dieser Kunst. Er starb, wie es Sokrates, die stoischen Philosophen und christlichen Heiligen durch die Jahrhunderte vorgemacht hatten. Weder die lange und für den kranken Morus beschwerliche Haft noch die Einschüchterungsversuche seiner Richter haben ihn beeindrucken können.

Sein Märtyrertod wirft für den heutigen Betrachter jedoch Fragen auf: Morus starb in Verteidigung einer Institution und ihrer Rechte, deren Reformbedürftigkeit allzu offenkundig geworden war. Denn die Vertreter des geistlichen Standes waren zunehmend damit beschäftigt, Pfründe zu akkumulieren und auf Kosten ihrer seelsorgerischen Pflichten eine rege Wirtschaftstätigkeit zu entwickeln: »Bis in die Mitte der Regierungszeit Heinrichs VIII. bot keine Laufbahn so verlockende Aussichten für ehrgeizige und habgierige Naturen wie das Priesteramt.«[226] Die alte Ordnung war in der Form, wie Morus sie kannte, nicht mehr erhaltenswert. Sie ließ sich nur mehr mit Gewalt und gegen die Erkenntnisse humanistischer Gelehrsamkeit aufrechterhalten. Morus ist bereit gewesen, eine solche Verteidigung in die Wege zu leiten. »Häretikern« begegnete er mit äußerster Härte. Institutionelle Reformen, wie er sie in *Utopia* vorschlug, hat er als Politiker nicht einzuführen versucht. Er beharrte auf der Tradition. Seine Kritik am Verhalten des Königs entsprang diesem Denken. Morus argumentierte theologisch und formaljuristisch, einen politischen Ausweg suchte er nicht. Der Anlaß seines Todes befremdet also: In die Bewunderung des Mutes und der Konsequenz mischt sich das Unbehagen über diesen Anlaß. Hätte eine »flexiblere« Haltung des berühmten Gelehrten seiner Sache nicht mehr gedient? Man kann sich des Gefühls nicht erwehren, daß es Morus nach der Krone des Märtyrers verlangte, als er erkennen mußte, daß ihn sein Schweigen nicht retten würde. Dieses Schweigen – vor seiner Verurteilung – war in der Tat beredt. Formaljuristisch bedeutete es Zustimmung, allzu offensichtlich war jedoch der wahre Grund. Es war Morus' typische Ambivalenz.

Am Ende fand Morus allerdings zu einer klaren Haltung. Die Zeit, die der Gelehrte im Tower verbrachte, hat ihn der Welt seines Ehrgeizes und Machtstrebens entrückt. Im Gefängnis war er – spätestens nach seiner Verteidigungsrede und seinem offenen Auftreten gegen die Ansprüche des Königs – nicht mehr der Jurist und Politiker, sondern der glaubende, auf Ordnung, die Kirche und das kommende Heil vertrauende Mensch. So wurde er ein Heiliger, und seine Erhebung zur Ehre der Altäre war konsequent, kirchenpolitische Motive einer anderen Epoche einmal beiseite gelassen. Morus starb nicht wie Sokrates als ein ironischer Skeptiker. Er starb, soweit das ein Nachgeborener beurteilen kann, in der Gewißheit des Glaubens.

Sein Ende hat Konsequenzen für unser Verständnis seiner Person und seines Werkes. Der Status eines Heiligen hat lange den Weg zu dem Politiker und Menschen Morus versperrt. Allenfalls der Autor von *Utopia* ist uns vertraut.

Die moderne (biographische) Morus-Forschung hat sich dieser Fragen angenommen. 1972 begann mit dem Erscheinen von G. R. Eltons Darstellung[227] die Suche nach dem »eigentlichen« Thomas Morus. Bis zu diesem Zeitpunkt hatten die Biographien und die Untersuchungen des Denkens von Thomas Morus zumeist den Heiligen porträtiert; sie waren über seine politische und publizistische Tätigkeit, soweit sie nicht in dieses Bild paßte, mit großer Leichtigkeit hinweggegangen. Nun wurde dies anders. Mittels der Methodik der psychohistorischen und verwandter Schulen wurde der »richtige« Morus entdeckt. Dieser Morus war nun nicht nur mehr der liberal und idealistisch gesinnte Literat und Humanist, sondern eben auch der ehrgeizige Politiker, der von Gefühlen der Schuld und Melancholie geplagte Gottsucher, der unduldsame Feind aller abweichenden Meinungen.

Die große Biographie von Richard Marius[228], die Darstellung in Stephen Greenblatts *Renaissance Self-Fashioning*[229], schließlich Alistair Fox' *Thomas More: History and Providence*[230], zuletzt Peter Ackroyds Biographie folgen diesem Vorgehen. Ihnen allen erscheint Morus als eine zerrissene Persönlichkeit, die eine klare Theorie des Politischen, aber auch der Theologie nicht erarbeitete und ihr Leben im Widerspruch lebte. Liest man die Texte Morus', so scheint man mehrere Autoren vor sich zu haben. Der Polemiker und Verteidiger der Kirche, der Reformer, der humanistische Gelehrte, der Spötter und tiefgläubige Christ – alles ist nur schwer auf einen Nenner zu bringen. Morus' Denken ist in hohem Maße auf sein eigenes Leben und seine eigene Erfahrung bezogen. Fast alle seine Texte sind auch autobiographisch. Die Leitlinien von Morus' Lebens sind auch die Leitlinien seiner Werke.

Diese Grundlinien seines Denkens sind das Recht und die Wahrheiten des überlieferten Glaubens. Beides verweist auf die gleiche Quelle: den Wert der überkommenen Ordnung. Morus dachte in juristischen Kategorien; die überkommene rechtlich strukturierte Ordnung war ihm ein wichtiger Maßstab seines Handelns. Daraus schöpfte er Sicherheit und Gewißheit. Morus, in erster Linie ein konservativer Denker, wollte erhalten, vor allem die rechtlich verfaßte Ordnung. Er befreite allerdings dieses Recht aus seiner bloßen pragmatischen und opportunistischen Rolle und führte es auf seine rationalistische und letztlich utilitaristische Begründung zurück. Diese Rationalität, als deren Ausdruck er die weltliche und kirchliche (wenn auch oft korrumpierte) Ordnung sah, machte er zum Prüfstein seiner politischen Analyse. Als analytisches Instrument war diese utilitaristische Rationalität geeignet, die sozialen und gesellschaftlichen Zustände seiner Zeit zu kritisieren. Morus wurde so zum Sozialkritiker par excellence. Jeder Leser der Werke Machiavellis, der die auffallende Abwesenheit der Ökonomie in den Werken des Florentiners beklagt und deshalb zu dem Schluß kommen muß, daß Machiavelli eine wesentliche Entwicklung seiner Zeit nicht erkannt hat, wird Morus' Scharfsinn schätzen. Morus zeichnet ein Bild der wirtschaftlichen Verhältnisse, das auch der heutige, an die Dominanz der Ökonomie gewöhnte Leser versteht.

Seine Analyse beschränkte sich nicht nur auf einen Bereich, er suchte die gesamte Wirklichkeit zu ordnen und deren Zusammenhänge zu erkennen. Recht, internationale Politik (Krieg und Frieden) und deren Begründung in der Ökonomie identifizierte er als die Grundlagen der Politik. Seine Analyse ist umfassend, ihre Konsequenz nicht unproblematisch. Läßt man nämlich jene Rationalität gewähren, so entsteht eine Welt, die für die Eigenheiten der Menschen, ihre Individualität, ihre Abweichung von der Norm keinen Raum läßt. Alles Handeln ist einem Nützlichkeitskriterium unterworfen. Eine solchermaßen geordnete Welt erlaubt nur Beten und Arbeiten. Rationalität wird zum Willen Gottes; in der Ordnung findet der Mensch seinen Sinn und seine Bestimmung. Die entstandene Ordnung ist klösterlich, da das Kloster die rationale soziale Ordnung schlechthin ist. Das Modell stand bereit, es mußte nur noch erweitert werden. *Utopia* entwirft den Staat als ein Kloster. Dies hat Folgen: Die Rationalität wird zu einem eisernen Käfig; die Bedürfnisse der Gemeinschaft – d.h. die Erweiterung und Verallgemeinerung der klösterlichen Lebensform – erfordern eben auch Arbeits- und Umerziehungslager. Die kommunistischen Experimente der zwanziger und dreißiger Jahre sind Experimente in diesem Geist. Wie Morus sprachen ihre Apologeten von Arbeit und Askese, wie er sehnten sie sich nach der selbstlosen elitären Führung. Dies hat Morus nicht zu verantworten, aber es führt doch eine Spur von dem Gedankenexperiment des Humanisten zu den sehr wirklichen sozialen Experimenten unserer Zeit. Die zugrundeliegende Motivation war ehrenhaft – die Ausführung schrecklich.

Morus wollte den Erfolg. Er war ehrgeizig, als Gelehrter wie als Jurist und Politiker. Er hatte die Sicherheit des überlegenen Intellektuellen – eine oft trügerische Sicherheit. Am Ende lebte er die Ideale seiner Jugend – im Gefängnis und im Angesicht seines Todes. 1988 hat W. J. Bouwsma[231] versucht, in einer Biographie den Menschen Calvin darzustellen. Er unterschied zwei Individuen: den konservativen Kirchenmann, der Ambivalenz verabscheute und Ordnung und Gewißheit zu schaffen suchte, und den »Humanisten«, der sich zu einer gegensätzlichen Lebensweise hingezogen fühlte, der ironisch war und unentschlossen. 1995 griff der Historiker Bernard Cottret diese Idee auf und sprach in seiner Biographie des Reformators von einem Calvin »in Bewegung«[232] – gleiches gilt für Morus. Eine Lektüre und Interpretation seiner Schriften zeigt einen Menschen »in Bewegung«; die Interpretation von Schriften und Leben bleibt vorläufig.

Nach allem, was wir wissen, war Thomas Morus in seinem Leben kein Heiliger, wie wir den Begriff (bis) heute verstehen. Er war stolz und ehrgeizig. Er war ein Mensch mit seinen Ängsten und Zweifeln. Er starb als Philosoph und Heiliger. Er war darüber hinaus ein hellsichtiger Analytiker und großer Gelehrter. Für bleibenden Nachruhm mag dies genügen.

Anhang

Anmerkungen

1 Lukian, Totengespräche, in: ders., Gespräche der Götter und Meergötter, der Toten und der Hetären, Stuttgart 1967, S. 87-154, hier S. 93.
2 E. Voegelin, Thomas Morus' Utopia, in: ders., Die spielerische Grausamkeit der Humanisten, hrsg. von D. Herz, München 1995, S. 98-119.
3 Zit. nach: M. Chauncey, The History of the Sufferings of Eighteen Carthesians in England, o.O. 1890, S. 40.
4 An Biographien zu Thomas Morus herrscht kein Mangel. Die beiden letzten, den Stand der Forschung reflektierend, sind: R. Marius, Thomas More, London 1993 (1. Aufl. New York 1984); P. Ackroyd, The Life of Thomas More, London 1998.
5 Zu den Lebensbedingungen im mittelalterlichen London vgl. z.B.: G. Home, Medieval London, o.O. 1927; E.E. Reynolds/D. O'Sullivan, Thomas More's London, o.O. 1980.
6 J. Wegg, Richard Pace. Tudor Diplomatist, o.O. 1932, S. 104.
7 Vgl. hierzu: P. Ackroyd, The Life of Thomas More, a.a.O., S. 94.
8 Vgl. O. Zöckler, Askese und Mönchtum, Frankfurt/M. 1897, S. 415-421.
9 Vgl. K. Flasch, Augustinus. Einführung in sein Denken, 2. Aufl., Stuttgart 1994, S. 368-402. Flasch hat die Widersprüchlichkeit des Denkens Augustinus' betont, und es mag daher kein Zufall sein, daß gerade dieses Denken in einer Epoche des Umbruchs – in der auch er gelebt hatte – neu entdeckt wurde und eben auch auf Morus besonders anziehend wirkte. Flasch hat an anderer Stelle (Einleitung zu: Aurelius Augustinus, Logik des Schreckens, hrsg. von K. Flasch, lat. u. dt., Mainz 1990, S. 14) Augustinus als den »Klassiker der religiösen Intoleranz« bezeichnet. Und eben auch Morus sollte später mit äußerster Härte gegen Häretiker vorgehen.
10 G. Pico della Mirandola, Über die Würde des Menschen, hrsg. und eingel. von A. Buck, lat. u. dt., übers. von N. Baumgarten, Hamburg 1990.

11 Zum Humanismus in Nordeuropa und England vgl.: D. Bush, The Renaissance and English Humanism, o.O. 1939, Nachdruck 1972; E. Chaney / P. Mack (Hg.), England and the Continental Renaissance, Woodbridge 1990.

12 Diese Freundschaft ist dokumentiert in einem umfangreichen und langwährenden Briefwechsel. Vgl. Th. Morus, Werke, hrsg. von H. Schulte Herbrüggen, Bd. 5: Briefe der Freundschaft mit Erasmus, München 1985.

13 Brief vom 5.12.1499 an Robert Fisher, in: Erasmus, Briefe. Ein Humanist zwischen den Fronten, hrsg. von W. Köhler, 4. Aufl., Darmstadt 1995, S. 47.

14 Vgl. Brief vom 9. 6. 1511 an Thomas Morus, in: ebenda, S. 88-91. Der Brief ist als Widmung in der Pariser Erstausgabe und der zweiten Ausgabe des *Lobs der Torheit* (Straßburg 1511) abgedruckt.

15 Vgl. Brief vom 23.7.1519 an Ulrich von Hutten, in: ebenda, S. 249-259.

16 Guillaume Budé. Morus pflegte die Eigennamen, seinen eigenen eingeschlossen, in latinisierter Form zu verwenden. Wir schließen uns hier und im folgenden dieser humanistischen Gepflogenheit an.

17 Vgl. Th. Morus, Latin Poems, hrsg. von C.H. Miller / Ch.A. Lynch / R.P. Oliver, in: ders., Complete Works, Bd. 3.2, New Haven / Conn./ London 1984, S. 192.

18 D. Erasmus, Erasmi Epistolae. Opus Epistolarium Des. Erasmi Roterodami, hrsg. von P.S. Allen, 10 Bde., Bd. 1, Oxford 1910, S. 460.

19 Ein Theaterstück machte den Ausdruck geläufig: R. Bolt, A man for all seasons: A play in Two Acts, London 1995.

20 Zur Ambivalenz der Freundschaft Erasmus' vgl.: J. Huizinga, Erasmus of Rotterdam, o. O. 1952; L. Jardine, Erasmus, Man of Letters. The Construction of Charisma, Princeton / N.J. 1993.

21 M. Luther, Von der babylonischen Gefangenschaft der Kirche. Ein Vorspiel (De captivitate Babylonia ecclesiae praeludium), in: ders., Die reformatorischen Grundschriften, 4 Bde., Bd. 3: Die Gefangenschaft der Kirche, München 1983, S. 9-16. Zu Luther allgemein vgl.: L. Febvre, Martin Luther, hrsg. von P. Schröttler, Frankfurt/M./New York 1996 (frz. Erstausgabe: Paris 1928).

22 Übers. von V. Weinberger. Zit. nach: P. Ackroyd, The Life of Thomas More, a. a. O., S. 385 f.

23 Vgl. Platon, Sämtliche Werke, hrsg. von K. Hülser, gr. u. dt., Bd. IV, Frankfurt/M./ Leipzig 1991, S. 185-347.

24 Vgl. ders., Sämtliche Dialoge, hrsg. von O. Apelt, Bd. I, Hamburg 1988, S. 83-108.

25 Vgl. D. Herz, Zwei Wahrheiten. Zur Interpretation von Thomas Morus' Utopia, in: Der Staat. Zeitschrift für Staatslehre, Öffentliches Recht und Verfassungsgeschichte 32, 1993, Heft 1, S. 1-28.

26 W. Sofsky, Traktat über die Gewalt, 2. Aufl., Frankfurt/M. 1996, S. 135 f.

27 R.W. Chambers, Thomas More. Ein Staatsmann Heinrichs VIII., München/Kempten 1946, S. 432.

28 Zur katholischen Theologie der Zeit vgl.: H. A. Oberman, The Harvest of Medieval Theology, Cambridge/Mass. 1963; M. Rubin, Corpus Christi. The Eucharist in Late Medieval Culture, Cambridge 1991.

29 Vgl. E. Voegelin, The First Reform, in: The Collected Works of Eric Voegelin, hrsg. von E. Sandoz, Bd. 20: History of Political Ideas, Bd. II: The Middle Ages to Aquinas, hrsg. von P. von Sievers, Columbia/London 1997, S. 65-104.

30 Vgl. Appendix A. Voegelin's Introduction to the »History of Political Ideas«, in: E. Voegelin, The Collected Works, Bd. 19: History of Political Ideas, Bd. I: Hellenism, Rome, and Early Christianity, hrsg. von A. Moulakis, Columbia/London, S. 225-238.

31 Th. Morus, Utopia, hrsg. von H. Günther, übers. von H. Kothe, Frankfurt/M./Leipzig 1992, S. 8.

32 Ebenda, S. 27.

33 In seinem Widmungsbrief an Thomas Ruthall – Sekretär von König Heinrich VIII. – erläutert Morus, warum er gerade diesen Dialog Lukians übersetzt habe. Vgl. Thomas More, The Translation of Lucian, hrsg. von C. R. Thompson, in: ders., Complete Works, a. a. O., Bd. 3.1, S. 2-9. Morus übersetzte vier Dialoge Lukians aus dem Griechischen ins Lateinische: *Cynicus, Mennipus siue Necromantia, Philopseudes siue Incredulus* und die *Declamatio pro tyrannicida.* Als Antwort auf die letztgenannte Schrift schrieb er selbst die *Declamatio Thomae Mori Lucianicae respondens.* Zu diesen beiden Schriften vgl. das Kapitel zur Geschichte König Richards III.

34 Die Parallelität von *Utopia* und Lukians Text reicht bis zur Beschreibung der Kleider der handelnden Personen. Und wie *Utopia,* so hat auch *Mennipus oder der Abstieg in den Hades* ein abruptes Ende.

35 Der Kynismus, eine philosophische Richtung, die der Überlieferung zufolge von Antisthenes, einem der Schüler Sokrates', begründet wurde, entwickelte keine kohärente Lehre, sondern eher einen

Lebensstil, der gesellschaftliche Konventionen zurückwies und eine »natürliche« Lebensweise propagierte. Menippus war dieser Richtung wohl lose verbunden. Von seinem Leben ist nur wenig bekannt; er war einer der ersten kynischen Philosophen, die sich der Literatur zuwandten. Vgl. A. Dihle, Die griechische und lateinische Literatur der Kaiserzeit. Von Augustinus bis Iustinian, München 1989, S. 249 f.

36 Vgl. A. Vespucci, Introductio Cosmographiæ, St. Dié 1507.

37 Die latinisierte Version des Namens von Peter Gilles.

38 Th. Morus, Utopia, a. a. O., S. 44.

39 Ebenda, S. 48.

40 Ebenda, S. 49.

41 Vgl. G. T. Allison, Essence of Decision. Exploring the Cuban Missile Crisis, Boston 1971.

42 C. Beccarias *Dei Delitti e delle Pene* erschien 1764 anonym in der Toskana.

43 Th. Morus, Utopia, a. a. O., S. 52.

44 Vgl. R. H. Tawney, The Agrarian Problems in the 16th Century, London 1912. Vgl. auch P. Laslett, Verlorene Lebenswelten. Geschichte der vorindustriellen Gesellschaft, Frankfurt/M. 1991, S. 149-183.

45 Vgl. K. Kautsky, Thomas More und seine Utopie. Mit einer historischen Einleitung, Stuttgart 1890, S. iii.

46 Th. Morus, Utopia, a. a. O., S. 55 f.

47 Ebenda, S. 56.

48 Ebenda, S. 58.

49 Ebenda, S. 56.

50 Ebenda, S. 58.

51 Ebenda, S. 59.

52 Ebenda, S. 62.

53 Ebenda, S. 63.

54 Ebenda, S. 65.

55 Prinzip aus dem Privatrecht, dem zufolge der vor dem Eintritt eines (wirtschaftlichen) Schadens gegebene Zustand möglichst wiederhergestellt werden soll.

56 Th. Morus, Utopia, a. a. O., S. 158.

57 Ebenda, S. 159.

58 Ebenda, S. 158 f.

59 Ebenda, S. 160.

60 Ebenda, S. 71.

61 Siehe hierzu Platon, Politeia, 473 d c.

62 Vgl. ders., Siebenter Brief, in: ders., Sämtliche Werke, hrsg. von K. Hülser, Bd. X, Frankfurt/M. 1991, 323d-352a, S. 305-393. »Nun aber ist mir entweder ein überirdischer böser Geist oder ein gewisser teuflischer Mensch dazwischen gekommen und hat in seiner Verachtung menschlicher und göttlicher Gesetze, sowie besonders mit der Faust der verruchten Dummheit, in welcher die Wurzel und der Keim aller moralischen Übel der Welt liegt und welche für die Nachwelt die bitterste Frucht trägt, diese verruchte Dummheit, sag' ich, hat alle meine Pläne für die moralisch politische Wiedergeburt schon zum zweiten Male vereitelt und zerstört.« (336 b, S. 343) Siehe zum Problem der Verwirklichung einer gerechten Ordnung auch: O. Höffe, Den Staat braucht selbst ein Volk von Teufeln. Philosophische Versuche zu Rechts- und Staatsethik, Stuttgart 1988, S. 19.

63 Th. Morus, Utopia, a. a. O., S. 74 f.

64 Ebenda, S. 167.

65 Ebenda, S. 112 f.

66 Ebenda, S. 171 f., vgl. auch S. 169.

67 Vgl. ebenda, S. 178.

68 Vgl. hierzu etwa: H. Münkler, Gewalt und Ordnung. Das Bild des Krieges im politischen Denken, Frankfurt/M. 1992; C. von Clausewitz, Vom Kriege, Frankfurt/M. 1989; R. Aron, Clausewitz. Den Krieg denken, Frankfurt/M. 1980.

69 Th. Morus, Utopia, a. a. O., S. 180 f.

70 »Denn in Europa, insbesondere in jenen Teilen desselben, wo christlicher Glaube und Religion herrschen, ist die Majestät der Bündnisverträge überall heilig und unverletzlich, teils wegen des Gerechtigkeitssinnes und braven Charakters der Fürsten, teils aus Ehrerbietung gegen und auch Furcht vor dem päpstlichen Stuhl, der, wie seine Regenten selbst nichts begehen, was der Religion zuwiderläuft, so auch den übrigen Fürsten gebietet, daß sie ihre Versprechungen getreulich halten, und die sich Weigernden durch oberhirtliche Ermahnungen und Strenge dazu zwingt.« Dieses und das folgende Zitat: Ebenda, S. 164.

71 Ebenda, S. 163.

72 Vgl. hierzu: W. LaFeber, The American Age. United States. Foreign Policy at Home and Abroad since 1750, New York/London 1989, S. 18-27.

73 Th. Morus, Utopia, a. a. O., S. 165.

74 Ebenda, S. 178; vgl. auch S. 181.
75 Ebenda, S. 180 f.
76 Siehe H. Oncken, Einleitung, in: Th. Morus, Utopia, übers. von G. Ritter, Berlin 1922; sowie die Rezension zu Ritters Utopia-Übersetzung von E. R. Huber, in: Zeitschrift für die gesamte Staatswissenschaft 102, 1941, Heft 1, S. 173; vgl. die Kritik dieser Interpretation bei: H. W. Donnert, Introduction to Utopia, Freeport/N. Y. 1969, S. 60-66.
77 Ähnliches ließe sich auch für die innere Politik feststellen. Auch im Bereich der Finanzen (vgl. Th. Morus, Utopia, a. a. O., S. 75) oder der Rechtssprechung (vgl. S. 76) würde es gelten, das Gemeinwohl gegen die Interessen des Königs zu schützen. Auch die Makarier, deren Wohnsitz unweit von Utopia liegt, haben eine vernünftige Regelung ihrer Finanzpolitik getroffen, die Raphael nachahmenswert erscheint: »Wenn ich nun hier das Gesetz der Makarier [...] vorbringen wollte, deren König, vom Tage seiner Thronbesteigung an, unter feierlichen Opfern durch einen Eid gebunden wird, zu keiner Zeit mehr als tausend Pfund in seinem Schatz zu haben, oder eine gleichwertige Summe Silbers!« (S. 79)
78 Vgl. ebenda, S. 122.
79 Ebenda, S. 123.
80 Ebenda, S. 171.
81 Vgl. Th. Paine, Common Sense (1776), in: The Thomas Paine Reader, hrsg. von M. Foot/I. Kramnick, London u.a. 1987, S. 65-116, hier S. 71-79.
82 Th. Morus, Utopia, a. a. O., S. 77.
83 Ebenda, S. 77 f.
84 Ders., Epigramme, übers., eingel. und komm. von U. Baumann, in: ders., Werke, hrsg. von H. Schulte Herbrüggen, Bd. 2, München 1983, S. 113.
85 Vgl. ders., Utopia, a. a. O., S. 78 f.
86 N. Machiavelli, Discorsi. Gedanken über Politik und Staatsführung, 2. Aufl., Stuttgart 1977.
87 Th. Morus, Utopia, a. a. O., S. 102.
88 Vgl. ebenda, S. 102.
89 Ders., Epigramme, a. a. O., S. 148 f.
90 Vgl. ebenda, S. 148.
91 Ders., Utopia, a. a. O., S. 109.

92 Ebenda, S. 80.
93 Ebenda, S. 80 f.
94 Ebenda, S. 84.
95 Ebenda, S. 85 f.
96 Vgl. ebenda, S. 204.
97 Ebenda, S. 87.
98 Ebenda, S. 87.
99 Ebenda, S. 107.
100 Ebenda, S. 108.
101 Ebenda, S. 108 f.
102 Vgl. ebenda, S. 201.
103 Dieses und das nachfolgende Zitat: ebenda, S. 161.
104 Ebenda, S. 113.
105 Ebenda, S. 156.
106 Ebenda, S. 154 f.
107 Ebenda, S. 155.
108 Ebenda, S. 124, vgl. auch S. 129.
109 Ebenda, S. 125.
110 Ebenda, S. 111.
111 Ebenda, S. 104.
112 Ebenda, S. 160.
113 Ebenda, S. 105.
114 Ebenda, S. 118.
115 Ebenda, S. 106.
116 Ebenda, S. 120.
117 B. Steidle (Hg.), Die Benediktus-Regel, lat. u. dt., Beuron 1980, S. 61 f.
118 Ebenda, S. 145.
119 Ebenda, S. 71-77.
120 Ebenda, S. 63.
121 Vgl. R. W. Chambers, Thomas More, a. a. O., S. 155-179.
122 Zu dem Schluß, bei *Utopia* handle es sich um das mittelalterlichste Werk Morus', gelangt auch P. Albert Duhamel. Er begründet dieses Diktum jedoch mit der These, daß sich Morus in *Utopia* der scholastischen Methode und nicht humanistischer Rhetorik und Philologie bediene. Vgl. P. A. Duhamel, Medievalism of More's Utopia, in: Studies of Philology 52, 1955, S. 99-122.
123 Vgl. Qu. Skinner, The Foundation of Modern Political Thought, Bd. 1: The Renaissance, Cambridge/London u.a. 1978, S. 255-262, hier

S. 256; J. H. Hexter, Introduction, Part I: The Composition of Utopia, in: Th. Morus, Utopia, hrsg. von S. J. Surtz / J. H. Hexter, in: ders., Complete Works, a. a. O., Bd. 4, S. xv-cxxiv.

124 Vgl. ebenda, S. lxiv-lxxxi.

125 Das griechische Wort für »Wille«.

126 F. Rabelais, Gargantua und Pantagruel, hrsg. von H. und E. Heintze, Frankfurt/M./Leipzig 1994, S. 180.

127 E. Auerbach zufolge verdankt Rabelais' Romanzyklus *Gargantua et Pantagruel* Morus viel, und es gibt in der Tat zahlreiche Parallelen; allerdings ist der Umfang dieses Einflusses durchaus umstritten. Vgl. E. Auerbach, Die Welt in Pantagruels Mund, in: ders., Mimesis. Dargestellte Wirklichkeit in der abendländischen Literatur, 9. Aufl., Tübingen 1994.

128 Qu. Skinner, The Foundation of Modern Political Thought, Bd. 1, a. a. O., S. 256. Vgl. auch Ch. B. Schmitt / Qu. Skinner, The Cambridge History of Renaissance Philosophy, Cambridge / New York u. a. 1988 (Nachdruck 1990), S. 447-452.

129 Im November 1935 veröffentlichten die Webbs ihre systematisierten Tagebuchaufzeichnungen: S. und B. Webb, Soviet Communism. A New Civilisation, 3. Aufl., London / New York / Toronto 1944.

130 B. Webb, Tagebuch der Reise in die Sowjetunion, in: dies., Pilgerfahrt nach Moskau. Die Reise einer Fabiern in die Sowjetunion Stalins, hrsg. und ausgew. von Ellen Beumelburg, Passau 1998, S. 62-84, hier S. 63.

131 Ebenda, S. 150 f.

132 Dies., Was uns an Sowjetrußland anzieht, in: dies., Pilgerfahrt nach Moskau, a. a. O., S. 57-61, hier S. 60.

133 Vgl. S. Courtois u. a., Le livre noir du communisme. Crimes, terreur, répression, Paris 1997, S. 12.

134 Th. Morus, Utopia, a. a. O., S. 130.

135 Ebenda, S. 131.

136 Diese und die folgenden drei Zitate: ebenda, S. 132.

137 Ebenda, S. 132 f.

138 Ebenda, S. 133.

139 Ebenda, S. 134.

140 Ebenda, S. 135.

141 Ebenda, S. 136.

142 Ebenda, S. 137.

143 Dieses und das folgende Zitat: ebenda, S. 141.
144 Ebenda, S. 142; vgl. auch S. 144.
145 Ebenda, S. 150.
146 Ebenda, S. 183.
147 Ebenda, S. 184.
148 Ebenda, S. 185.
149 Ebenda, S. 186.
150 Dieses und das folgende Zitat: ebenda, S. 187.
151 Ebenda, S. 190.
152 Ders., Epigramme, a. a. O., S. 90.
153 Die Differenzierung der religiösen Vorstellungen trägt zu einem Niedergang volksreligiöser Gedanken bei. Vgl. K. Thomas, Religion & The Decline of Magic, New York 1971, S. 25-50, 113-150, 641-668.
154 Th. Morus, Utopia, a. a. O., S. 191.
155 Ebenda, S. 192.
156 Vgl. ebenda, S. 195.
157 Ebenda, S. 193.
158 Dieses und das folgende Zitat: ebenda, S. 194.
159 Ebenda, S. 193.
160 Ebenda, S. 195.
161 Ebenda, S. 197.
162 Vgl. ebenda, S. 93 f., 98-104. Bemerkenswert ist auch, daß Utopia in früheren Zeiten lediglich eine Halbinsel gewesen sein soll, ihre Bewohner sich jedoch entschlossen hätten, die Verbindung zum Festland in einer großen, gemeinsamen Anstrengung zu beseitigen. (England hatte 1453, mit Ausnahme Calais', seine letzten französischen Besitztümer verloren.) Vgl. ebenda, S. 94.
163 Ebenda, S. 94.
164 Dieses und die folgenden beiden Zitate: ebenda, S. 95.
165 Ebenda, S. 114.
166 Ebenda, S. 121.
167 Ebenda, S. 81.
168 Vgl. hierzu und zum nachfolgenden Zitat: ebenda, S. 82.
169 Ebenda, S. 83.
170 Ebenda, S. 163.
171 Ebenda, S. 114.
172 Die Kategorie der »superbia« findet sich häufig auch in den Konzepten der Spieltheorie. Vgl. z. B. R. L. Behr, Nice Guys Finish Last –

Sometimes, in: Journal of Conflict Revolution 25, 1981, S. 289 - 300. Siehe auch R. Axelrod, Die Evolution der Kooperation, 2. Aufl., München 1991, S. 100 f.

173 Vgl. Th. Hobbes, Leviathan, hrsg. von I. Fetscher, Frankfurt/M. 1991, S. 48.

174 Th. Morus, Utopia, a. a. O., S. 206.

175 Ebenda, S. 160 f.

176 Ebenda, S. 161.

177 Das Anlegen eines »Vergleichsmaßstabs« scheint ein genuin menschliches Wesensmerkmal zu sein. Im Tierreich konnte es nicht beobachtet werden – aber auch ohne diese Komponente kann es zur Zusammenarbeit kommen. Vgl. R. Axelrod, The Emergence of Cooperation Among Egoists, in: American Political Science Review 75, 1981, S. 306 - 318.

178 Zeitweise vermutete man sogar, daß John Morton selbst die Geschichte verfaßt und Morus diese lediglich übersetzt und bearbeitet habe. Diese Auffassung gilt jedoch mittlerweile als wissenschaftlich widerlegt.

179 Ältere Abschriften der englischen Fassung waren bereits in der Geschichte Richards III. von 1543 in der von R. Grafton bestrittenen Fortsetzung von J. Hardyngs *Cronicle* sowie in den beiden Ausgaben von Ed. Halls *The Union of the two noble and illustre families of Lancestre & York* (1548 und 1550) veröffentlicht worden.

180 Es liegen drei weitere Abschriften der lateinischen Fassung vor, die als MS Arundel 43, MS Harely 902 und MS Tanner 302 bezeichnet werden.

181 Vgl. Th. Morus, Letter to Oxford, in: ders., Complete Works, a. a. O., Bd. 15, S. 129 - 149, hier S. 139.

182 Ders., Epigramme, a. a. O., S. 94.

183 Ders., Die Geschichte König Richards III., übers., eingel. und komm. von H.P. Heinrich, in: ders., Werke, hrsg. von H. Schulte Herbrüggen, Bd. 3, München 1984, S. 145.

184 Vgl. Th. Morus, Epigramme, a. a. O., S. 109 - 139.

185 Vgl. ebenda, S. 109.

186 Ebenda, S. 111.

187 Vgl. ebenda, 110.

188 Brief vom 23. 7. 1519 an Ulrich von Hutten. In: Erasmus, Briefe, a. a. O., S. 249 - 259, hier S. 251 f.

189 Th. Morus, Epigramme, a. a. O., S. 68.

190 Ders., Die Geschichte König Richards III., a. a. O., S. 189.
191 Ebenda, S. 188 f.
192 Ebenda, S. 74.
193 Ebenda, S. 75 f.
194 P. Vergile, Anglicae Historiae Libri Vigintiseptem, Basel 1557.
195 Th. Morus, Die Geschichte König Richards III., a. a. O., S. 78.
196 Vgl. ebenda, S. 77 f.
197 Ebenda, S. 78.
198 Ebenda, S. 79 f.
199 Vgl. P. Tudor-Craig, Richard III.: A descriptive catalogue of the exhibition held at the National Portrait Gallery. 27 June – 7 Octobre 1973, Ipswich 1973.
200 Th. Morus, Die Geschichte König Richards III., a. a. O., S. 81.
201 Dieses und die beiden nachfolgenden Zitate: ebenda, S. 81 f.
202 N. Machiavelli, Der Fürst, hrsg. und übers. von R. Zorn, 6. Aufl., Stuttgart 1978. Vgl. auch ders., Discorsi, a. a. O.
203 Ders., Der Fürst, a. a. O., S. 73.
204 Th. Morus, Die Geschichte König Richards III., a. a. O., S. 104 f.
205 Ebenda, S. 145.
206 Ebenda, S. 180.
207 Ebenda, S. 190 f.
208 Ebenda, S. 191.
209 Vgl. N. Machiavelli, Discorsi, a. a. O., S. 303.
210 Th. Morus, Die Geschichte König Richards III., a. a. O., S. 77.
211 Ebenda, S. 88.
212 Erasmus von Rotterdam, Institutio Principis Christiani / Die Erziehung des christlichen Fürsten, hrsg. von G. Christian, in: ders., Ausgewählte Schriften, Bd. 5, 2. Aufl., Darmstadt 1995, S. 111-357.
213 Th. Morus, Die Geschichte König Richards III., a. a. O., S. 87.
214 Vgl. A. Fox, Archetype and Antitype: The History of King Richard III., The Four Last Things, in: ders., Thomas More. History and Providence, Oxford 1982, S. 75-110, hier S. 75.
215 Vgl. I. Schabert (Hg.), Shakespeare-Handbuch. Die Zeit – Der Mensch – Das Werk – Die Nachwelt, Stuttgart 1978, S. 392 ff.
216 Ebenda, S. 394.
217 Zu dieser Problematik vgl. z. B.: L. Stockinger, Ficta Respublica. Gattungsgeschichtliche Untersuchungen zur utopischen Erzählung in der deutschen Literatur des frühen 18. Jahrhunderts, Tübingen 1981, S. 1-99.

218 Vgl. R. Saage, Politische Utopien der Neuzeit, Darmstadt 1991, S. 15-76, 323-327.
219 K. Kautsky, Thomas More und seine Utopie, a. a. O., S. 102.
220 Ebenda, S. 247.
221 Ebenda, S. 179.
222 Vgl. L. Strauss, Gesammelte Schriften, hrsg. von H. Meier, Bd. 1: Die Religionskritik Spinozas und zugehörige Schriften, Stuttgart/Weimar 1996.
223 K. Kautsky, Thomas More und seine Utopie, a. a. O., S. 195.
224 Ebenda, S. 338 f.
225 Vgl. M. de Montaigne, Philosophieren heißt sterben lernen, in: ders., Essais, übers. von H. Stilett, Frankfurt/M. 1998, S. 49: »Cicero sagt, Philosophieren sei nichts Anderes, als sich auf den Tod vorzubereiten. Der Grund hierfür ist, daß Erkenntnissuche und Kontemplation unsere Seele gleichsam von uns wegziehen und sie außerhalb des Körpers beschäftigen, was eine stete Einübung in den Tod darstellt, ja ihm bereits ähnelt – oder auch, daß alle Weisheit und alles Sinnen der Welt letztlich darauf hinauslaufen, uns die Überwindung der Furcht vorm Sterben zu lehren.« Siehe hierzu auch: ders., Über die Beurteilung von anderer Leute Sterben, in: ebenda, S. 300-303.
226 Thomas B. Macauly, Die glorreiche Revolution. Geschichte Englands 1688/89, ausg. und übers. von R. Schneebeli, Zürich 1998, S. 70.
227 G. R. Elton, Thomas Morus Councillor, in: St. Thomas More: Action and Contemplation, hrsg. von R. S. Sylvester, New York 1972.
228 R. Marius, Thomas More. A Biography, New Haven 1984.
229 S. Greenblatt, Renaissance Self-Fashioning: From More to Shakespeare, Chicago 1980.
230 A. Fox, Thomas More: History and Providence, New Haven 1985.
231 W. J. Bouwsma, John Calvin. A Sixteenth-Century Portrait, New York 1988.
232 B. Cottret, Calvin. Eine Biographie, Stuttgart 1998, S. 14.

Literaturhinweise

1. Werke

a) Maßgebliche moderne Gesamtausgaben

The Yale Edition of the Complete Works of St. Thomas More, New Haven/Conn./London 1963 ff.

Bisher erschienen:

Bd. 2: The History of King Richard III., hrsg. von R. S. Sylvester, 1963.

Bd. 3.1.: The Translation of Lucian, hrsg. von C. R. Thompson, 1964.

Bd. 3.2.: Latin Poems, hrsg. von C. H. Miller/Ch. A. Lynch/R. P. Oliver, 1984.

Bd. 4: Utopia, hrsg. von E. Surtz/S. J. und J. H. Hexter, 1965.

Bd. 5: Responsio ad Lutherum, hrsg. von J. M. Headly, 1969.

Bd. 6: A dialogue concerning Heresies, hrsg. von Th. M. C. Lawler/G. Marc'hadour/R. C. Marius, 1981.

Bd. 7: Letters to Bugenhagen; Supplication of Souls; Letter against Frith, hrsg. von F. Manley/G. Marc'hadour/R. Marius/C. H. Miller, 1990.

Bd. 8: The Confutation of Tyndale's answer, hrsg. von L. A. Schuster/R. C. Maurius/J. P. Lusardi/R. J. Schoeck, 1983.

Bd. 9: The Apology, hrsg. von J. B. Trapp, 1975.

Bd. 10: The debellation of Salem and Bizance, hrsg. von J. Guy/R. Keen/C. H. Miller, 1985.

Bd. 11: A dialogue of comfort against Tribulation, hrsg. von L. L. Martz/F. Manley, 1975.

Bd. 13.: Treatise on the passion; Treatise on the blessed body; Instructions and Prayers, hrsg. von G. E. Haupt, 1976.

Bd. 14: De tristitia Christi, hrsg. von C. H. Miller, 1976.

Bd. 15: In defense of Humanism: Letters to Dorp, Oxford, Lee, and a Monk; Historia Richardi Tertii, hrsg. von D. Kinney, 1986.

Thomas Morus. Werke, hrsg. von H. Schulte Herbrüggen. Bisher erschienen:
Bd. 1: Gebete und Meditationen, hrsg. von H. Schulte Herbrüggen, München 1983.
Bd. 2: Epigramme, übers., eingel. und komm. von U. Baumannn, München 1983.
Bd. 3: Die Geschichte König Richards III. Übers., eingel. und komm. von H. P. Heinrich, München 1984.
Bd. 4: Die vier letzten Dinge, übers., eingel. und komm. von F.-K. Unterweg, München 1984.
Bd. 5: Briefe der Freundschaft mit Erasmus, übers., eingel. und komm. von H. Schulte Herbrüggen, München 1985.
Bd. 6: Trostgespräch im Leid, übers., eingel. und komm. von J. Beer, Düsseldorf 1991.

b) Deutsche Einzelausgaben

Trost im Leid – Ein Dialog, ausgew., übers. und eingel. von M. Freundleib, München 1951.
Epigramme, übers. von I. Pape, Berlin 1985.
Epigramme, übers. von M. Wehrhahn, Langerwehe 1989.
Utopia, hrsg. von M. Ziegler/V. Michels, Berlin 1895.
Utopia, übers. von A. Hartmann, mit einem Porträt des Autors von Erasmus von Rotterdam, Basel 1981.
Utopia, übers. von G. Ritter, eingel. von H. Oncken, Darmstadt 1964.
Morus, Utopia; Campanella, Sonnenstaat; Bacon, Neu Atlantis, hrsg. von K. J. Heinisch, Reinbek 1960.
Utopia, übers. von G. Ritter, mit einem Nachwort von E. Jäckel, Stuttgart 1976.
Utopia, übers. von G. Ritter, mit Bildern von M. M. Prechtl, Frankfurt/M. 1987.
Utopia, hrsg. von H. Günther, übers. von H. Kothe, Frankfurt/M./Leipzig 1992.

c) Briefe

The Correspondence of Sir Thomas More, hrsg. von E. F. Rogers, Princeton/N. J. 1947.
Die Briefe des Sir Thomas More (Auswahl), übers. und eingel. von B. Blarer, Einsiedeln/Köln 1949.

Opus epistolarum Des. Erasmis roterodami, hrsg. von P.S. Allen/H.M. Allen/H.W. Garrod, 12 Bde., Oxford 1906-1958. (Die Korrespondenz zwischen Erasmus und More ist in der Rogers-Ausgabe nicht enthalten und findet sich hier.)
Neue Briefe, mit einer Einführung in die epistolographische Tradition, hrsg. von H. Schulte Herbrüggen, Münster 1966.
Thomas Morus Privat – Dokumente seines Lebens in Briefen, ausgew., übers. und eingel. von R. und W.F. Schirmer, Köln 1971 (2. verb. Aufl.: Heidelberg 1984).

2. Biographien

a) Biographien des 16. und 17. Jahrhunderts

Cavendish, G., The Life and Death of Cardinal Wolsey, in: Two Early Tudor Lives, hrsg. von R.S. Sylvester/D.P. Harding, New Haven/Conn./London 1962.
Harpsfield, N., The Life and Death of Sir Thomas More, Knight (1557), hrsg. von E.V. Hitchcock/R.N. Chambers, London 1932.
More, C., The Life and Death of Sir Thomas More (1626-31), hrsg. von J. Hunter, London 1828.
Rastell, W., Life of More (Rastell Fragments, ca. 1560), in: N. Harpsfield, The Life and Death of Sir Thomas More, a.a.O., Anhang I.
Roper, W., The Lyfe of Sir Thomas More, Knighte (1557), hrsg. von E.V. Hitchcock, London 1935.
Ders., The Life of Sir Thomas More, in: Two Early Tudor Lives, hrsg. von R.S. Sylvester/D.P. Harding, New Haven/Conn. 1962.
Ders., Das Leben des Thomas Morus, hrsg. von H. Buhr-Ohlmeyer, Heidelberg 1986.
Stapleton, Th., The Life and Illustrious Martyrdom of Sir Thomas More (1588), übers. von P.E. Hallet 1928, hrsg. von E.E. Reynolds, London 1966.
Ro. Ba, The Lyfe of Sir Thomas More (1599), hrsg. von E.V. Hitchcock/A.W. Reed, London 1950. (Der Autor konnte nicht identifiziert werden.)

b) Moderne Biographien/Morus und wichtige Zeitgenossen

Ackroyd, P., The Life of Thomas More, London 1998.

Albin, H. O. (Hg.), Thomas More and Canterbury, Bath 1994.

Archer, J. M., Sovereignty and Intelligence, Stanford/Cal. 1993.

Baumann, U., Heinrich VIII., Reinbek 1991.

Berglar, P., Die Stunde des Thomas Morus. Einer gegen die Macht, Freiburg/Br. 1978 (3. überarb. Aufl.: Frankfurt/M. 1987).

Bietenholz, P. G./Deutscher, T. B. (Hg.), Contemporaries of Erasmus. A Biographical Register of the Renaissance and Reformation, 3 Bde., Toronto 1985-1987.

Boswell, J. C., Sir Thomas More in the English Renaissance: An Annotated Catalogue, New York 1994.

Bradshaw, B./Duffy, E. (Hg.), Fisher: Humanism, Reform and Reformation, Cambridge/Mass. 1994.

Chambers, R. W., Thomas More, London 1935 (dt. Ausg.: übers. von W. Rüttenauer, Regensburg 1946).

Ders., Thomas More. Ein Staatsmann Heinrichs VIII., München/Kempten 1946.

Fox, A., Thomas More: History and Providence, New Haven 1985 (1. Aufl.: Chicago 1982).

Gee, J. A., The Life and Works of Thomas Lupset, New Haven/Conn. 1928.

Gleason, J. B., John Colet, University of California Press 1989.

Greenblatt, S., Renaissance Self-Fashioning: From More to Shakespeare, Chicago 1980.

Guy, J. A., The Cardinal's Court: The Impact of Thomas Wolsey in the Star Chamber, Hassocks 1977.

Gwyn, P., The King's Cardinal. The Rise and Fall of Thomas Wolsey, London 1990.

Horrox, R., Richard III. A Study of Service, Cambridge 1989.

Huizinga, J., Erasmus and the age of Reformation, New York 1957.

Jane, S., John Colet and Marsilio Ficino, Oxford 1963.

Jardine, L., Erasmus, Man of Letters. The Construction of Charisma, Princeton/N.J. 1993.

MacCulloch, D., Thomas Cranmer, New Haven/Conn./London 1996.

Macnamara, F. (Hg.), The Miscellaneous Writings of Henry VIII., Waltham/St. Lawrence 1924.

Marius, R., Thomas More. A Biography, New York 1984.
Martz, L., Thomas More: The Search for the Inner Man, New Haven/Conn./London 1990.
Merriman, R.B. (Hg.), Life and Letters of Thomas Cromwell, 2 Bde., Oxford 1902.
Murphy, C./Gibaud, M.H./Di Cesare, M.A. (Hg.), Miscellanea Moreana. 100 Essays for German Marc'hadour, Binghampton/N.Y. 1989.
Nigg, W., Thomas Morus. Der Heilige des Gewissens, mit einem Bildteil von H.N. Loose, Freiburg/Basel/Wien 1978.
Reynolds, E.E., Saint John Fisher, London 1955.
Ders., Thomas More and Erasmus, London 1965.
Ders., The field is won. The Life and Death of St. Thomas More, London 1968.
Reynolds, E.E./O'Sullivan, D., Thomas More's London, Angers 1980.
Ridley, J., The Statesman and the Fanatic: Thomas Wolsey and Thomas More, London 1982.
Seebohm, F., The Oxford Reformers. John Colet, Erasmus, and Thomas More, London 1913 (Nachdruck: 1971).
Seuffert, J., Thomas Morus. Mosaik eines Mannes, München 1985.
Starnes, C., The New Republic, Waterloo/Ontario 1990.
Sylvester, R.S. (Hg.), St. Thomas More: Action and Contemplation, London 1972.
Sylvester, R.S./Marc'hadour, G. (Hg.), Essential Articles for the study of Sir Thomas More, Hamden/Conn. 1977.
Trapp, J.B., Erasmus, Colet and More: The early Tudor humanists and their books, London 1991.
Woodhouse, R.I., The Life of John Morton, Archbishop of Canterbury, London 1895.

3. Literatur zu den einzelnen Werken

a) Lyrik

Doyle-Davidson, C., The earlier english works of St. Thomas More, in: English Studies 17, 1935, S. 49-70.
Duffy, R.A., Thomas More nine pageants, in: Moreana 49-52, 1976, S. 15-32.
Schulte Herbrüggen, H., Sir Thomas More's Fortuna Verse, in: Lebende Antike. Festschrift für Rudolf Sühnel, hrsg. von Meller, H./Zimmermann, H.-J., Berlin 1967, S. 155-171.

Sylvester, R. S., A part of his own: Thomas More's Literary Personality in his early Works, in: Moreana 13-15, 1967, S. 29-42.
Willow, M.E., An Analysis of the English Poems of St. Thomas More, Nieuwkoop 1974.

b) Life of Picus

Esmonde, M. P., A Pattern of Life: A Critical Analysis of St. Thomas More's Life of John Picus, Diss., Miami 1971.
Gabrielli, V., Giovanni Pico and Thomas More, in: Moreana 15-16, 1967, S. 43-57.
Gilmore, M. P., More's Translation of Gianfrancesco Pico's Biography, in: L'opera e il Pensiero di Pico della Mirandola nella Storia Dell' Umanesimo, hrsg. vom Istituto Nazionale di studi sul Rinascimento, Bd. 2, Florenz 1965, S. 301-305.
Lehmberg, S.E., Sir Thomas More's Life of Pico della Mirandola, in: Studies in the Renaissance, 1956, S. 61-74.
Maguire, J. B., The Development of Sixteenth-Century English Biography in the tradition of Erasmus and Thomas More, Diss., Stanford 1970.

c) Lukian und Epigramme

Baumann, U., Die Antike in den Epigrammen und Briefen Sir Thomas Mores, Diss., Düsseldorf 1982.
Baumann, U./Heinrich, H. P., Morus, Eros und der Astrolog. Zum Nachleben eines literarischen Motivs bei Thomas Rowlandson, in: Thomas Morus Jahrbuch 1984/85, S. 101-106.
Crosset, S., More and Lucian, in: Modern Language Notes 72, 1957, S. 169 f.
Doyle, C. C., The popular Aspect of Sir Thomas More's Latin Epigrams, in: SFQ 37, 1973, S. 87-99.
Hudson, H. H., The Epigram in the English Renaissance, Princeton/N.J. 1947.
Thompson, C. R., The Translation of Lucian by Erasmus and Thomas More, Ithaca/N.Y. u. a. 1940.
Werhahn, M., Bildgedichte unter Thomas Mores lateinischen Epigrammen, in: Thomas Morus Jahrbuch 1983/84, S. 131-167.

d) Geschichte Richards III.

Baumann, U., Thomas More and the Classical Tyrant, in: Moreana 22, 1985, Heft 86, S. 108-127.

Blackburn, E. B., The Place of Sir Thomas More in Sixteenth Century Biographical Theory, Diss., Johns Hopkins Univ. 1960.

Chambers, R.W., More's History of Richard III., in: Modern Language Review 23, 1928.

Churchill, G.B., Richard III. up to Shakespeare, Berlin 1900.

Fox, A., Archetype and Antitype: The History of King Richard III., The Four Last Things, in: Thomas More. History and Providence, Oxford 1982, S. 75-110.

Harner, J.L., Jane Shore. A Biography of a theme in Renaissance Literature, Diss., Illinois 1972.

Harries, M.S., Sir Thomas More's History of Richard III. as Humanist Historiography, Diss., Columbia 1973.

Heinrich, H.P., Sir Thomas Mores Geschichte König Richards III. im Lichte humanistischer Historiographie und Geschichtstheorie, Paderborn/München u.a. 1986.

Kincaid, A.N., The dramatic Structure of Sir Thomas More's History of Richard III., in: Studies in English Literature 12, 1972, S. 223-242.

Kinney, D., King's Tragicomedies: Genric Misrule in More's History of Richard III., in: Moreana 22, 1985, Heft 86, S. 128-150.

Reiter, R.E., On the Genre of Thomas More's Richard III., in: Moreana 25, 1970, S. 6-16.

Seward, D., Richard III. England's Black Legend, London/Sydney/Toronto 1983.

e) Utopia

Baumann, U., Herodotus, Aulus Gellius and Thomas More's Utopia, in: Moreana 20, 1983, Heft 75, S. 5-10.

Campell, W.E., More's Utopia and His Social Reaching, New York 1930.

Dennis, N./Halsey, A.H., English Ethical Socialism. Thomas More to R.H. Tawney, Oxford 1988.

Donner, H.W., Introduction to Utopia, Freeport/N.Y. 1969 (1. Aufl.: London 1945).

Dorsch, T.S., Sir Thomas More and Lucian: An Interpretation of Utopia,

in: Archiv 203, 1967, S. 345-363; eine dt. Übersetzung in: W. Erzgräber (Hg.), Englische Literatur von Morus bis Sterne, Frankfurt/M. 1970.
Duhamel, P. A., Medievalism of More's Utopia, in: Studies in Philology 52, 1955, S. 99-126.
Gallagher, L. (Hg.), More's Utopia and its critics, Chicago 1964.
Gordon, W. M., The Monastic Achievement and More's Utopia, in: Mediéval and Humanistic (new series) 9, 1979.
Heinrich, H. P., Machiavellismus und Utopie. Zur Genese eines politischen Antagonismus in der frühen Neuzeit, in: Thomas Morus Jahrbuch 1988, S. 127-145.
Herz, D., Zwei Wahrheiten. Zur Interpretation von Thomas Morus' Utopia, in: Der Staat. Zeitschrift für Staatslehre, Öffentliches Recht und Verfassungsgeschichte 32, 1993, Heft 1, S. 1-28.
Hexter, J. H., Introduction, Part I: The Composition of Utopia, in: Utopia, hrsg. von Surtz, E./Hexter, S. J. und J. H., in: Th. Morus, Complete Works, a. a. O., Bd. 4, S. xv-cxxiv.
Ders., Intention, Words and Meaning: The Case of More's Utopia, in: New literary history 6, 1974/75, S. 529-541.
Jäckel, E., Experimentum rationis. Christentum und Heidentum in der Utopia des Thomas Morus, Diss., Freiburg 1955.
Kautsky, K., Thomas More und seine Utopie, Stuttgart 1888.
Kreyssig, J., Die Utopia des Thomas Morus. Studien zur Rezeptionsgeschichte und zum Bedeutungskontext, Frankfurt/M. 1988.
Nelson, W., Twentieth Century Interpretations of Utopia. A Collection of Critical Essays, Englewood Cliffs/N. J. 1968.
Nipperdey, T., Die Utopie des Thomas Morus und der Beginn der Neuzeit, in: ders., Reformation, Revolution, Utopie, Göttingen 1975.
Olin, J. C. (Hg.), Interpreting Thomas More's Utopia, New York 1989.
Oncken, H., Die Utopie des Thomas Morus. Reden und Aufsätze 1919-1935, Berlin 1935.
Park, J. W., The Utopian Economics of Sir Thomas More, in: American Journal of Economics and Sociology 30, 1971, S. 275-288.
Ritter, G., Machtstaat und Utopie, München/Berlin 1940.
Saage, R., Politische Utopien der Neuzeit, Darmstadt 1991.
Seitz, A.L., Thomas Morus und seine Utopie im Urteil der Renaissance, Diss., Freiburg 1924.
Starbatty, J.:, Die Utopia des Thomas Morus – Ihre wirtschafts- und gesellschaftspolitischen Konsequenzen, in: Ordo 27, 1976, S. 14-28.
Stobbart, L., Utopia: Fact or Fiction?, Stroud 1992.

Surtz, E. und S. J., Thomas More and Communism, in: Publications of the Modern Language Association of America 64, 1949, S. 549-564.
Dies., The Praise of Pleasure. Philosophy, Education and Communism in Utopia, Cambridge 1957.
Dies., The Praise of Wisdom. A Commentary on the Religious and Moral Problems and Backgrounds of St. Thomas More's Utopia, Chicago/Ill. 1957.
Süssmuth, H., Studien zur Utopie des Thomas Morus. Ein Beitrag zur Geistesgeschichte des 16. Jahrhunderts, Münster 1967.
Voegelin, E., Thomas Morus' Utopia, in: Die spielerische Grausamkeit der Humanisten, hrsg. von D. Herz, München 1995, S. 98-119.
Ders., More's Utopia, in: Österreichische Zeitschrift für öffentliches Recht 5, 1951, N. F., Heft 4, S. 451-468.
White, Th., A Study of the influence of Plato and Aristotle on Thomas More's Utopia, Diss., Columbia 1974.
Wooden, W. W., Sir Thomas More, Satirist: A Study of the Utopia as Menippean Satire, Diss., Vanderbilt Univ. 1971.

f) Die vier letzten Dinge und die Streitschriften

Beaty, N. L., The Craft of Dying. A Study in the Literary Tradition of the Ars Moriendi in England, New Haven/Conn./London 1970.
Egan, W. J., The Rule of Faith in More's Controversy with Tyndale, Los Angeles/Cal. 1960.
Fox, A., Thomas More's Dialogue concerning Heresies and the Book of the Tales of Canterbury, in: Brückmann, P. (Hg.), Familiar Colloquy: Essais Presented to Arthur Edward Baker, Canada 1978.
Gordon, W. M., The Platonic Dramartugy of Thomas More's Dialogues, in: Journal of Medieval and Renaissance Studies 8, 1978, S. 193-215.
Headly, J. M., Thomas More and Luther, in: Archiv für Reformationsgeschichte 60, 1969, S. 145-160.
Ders., More against Luther. On Laws and the Magistrate, in: Moreana 13-15, 1967, S. 211-223.
Hitchcock, J., More and Tyndale's Controversy over Revelation, in: JAAR 39, 1971, S. 448-466.
Holeczek, H., Humanistische Bibelphilologie bei Erasmus von Rotterdam, Thomas More und William Tyndale (Studies in the History of Christian Thought IX), Leiden 1975.

House, J.B., Sir Thomas More as Church Patron, in: Journal of Ecclesiastical History 40, 1989, S. 208-218.
Marc'hadour, G.P., The Bible in the Works of St. Thomas More, 5 Bde., Nieuwkoop 1969-72.
Marius, R.C., Thomas More and the Heretics, Diss., Yale Univ. 1962.
Martz, L., Thomas More; The Sacramental Life, in: Thought 52, 1977, S. 200-218.
Pineas, R., Thomas More's Use of Humour as a Weapon of Religious Controversy, in: Studies in Philology 58, 2, Teil 1, 1961.
Ders., Thomas More's Use of Dialogue as a Weapon of Religious Controversy, in: Studies in the Renaissance 2, 1960.
Ders., Sir Thomas More's Controversy with Christopher Saint-Germain, in: Studies in English Literature 1, 1961, S. 49-62.
Ders., Thomas More and Tudor Polemics, London 1968.
Schulte Herbrüggen, H., Thomas Morus, in: Katholische Theologen der Reformationszeit, hrsg. von E. Iserlohn, Bd. 2, Münster 1985, S. 66-81.

g) Towerschriften

Beaty, N.L., The Craft of Dying: A Study in the Literary Tradition of the Ars Moriendi in England, New Haven/Conn./London 1970.
Curran, M., St. Thomas More's Treatise upon the passion, Diss., Dublin 1956.
Haupt, G.E., The personal and the inpersonal in the late Works of Sir Thomas More, in: Interpretations. Studies in Language and Literature 6, 1974, S. 14-23.
Kuhn, J., The Function of Psalm 90 in Thomas More's Dialogue of Comfort, in: Moreana 22, 1969, S. 61-67.
Marius, C.R., Thomas More and the Early Church Fathers, in: Traditio 24, 1968, S. 397-407.
Martz, L.L., The Design of More's Dialogue of Comfort, in: Moreana 15-16, 1967, S. 331-346.
Ders., Boethius and Thomas More's Dialogue of Comfort, in: ELM 3, 1965/66, S. 97-101.
Ders., Patristic Comforters in More's Dialogue of Comfort, in: Moreana 8, 1965, S. 9-20.
O'Connor, M.C., The Art of Dying well. The Development of the Ars Moriendi, New York 1966.

Paterson, J. J., The Polemical Nature of Thomas More's Dialogue of Comfort, Diss., Auburn Univ. 1975.
Schmidt, M. T., St. Augustine's Influence on St. Thomas More's English Works, Diss., Yale Univ. 1943.
Waters, P. M., Prayer and Martyrdom in the Tower Works of Saint Thomas More, Diss., Angelicum 1989.

4. Periodika

Moreana: Bulletin Thomas More, Angers / Binghampton / N. Y., Association Amici Thomase Mori, 1963/64 ff.

Zeittafel

1478 Thomas Morus wird am 7. Februar in London als zweites Kind von John More und Agnes Graunger geboren.

1490 Nach dem Besuch der von Nicholas Holt geführten Lateinschule St. Anthony wird Morus Page bei Erzbischof John Morton von Canterbury (1486-1500), dem Lordkanzler Englands.

1492 Auf Anraten Mortons beginnt Morus in Oxford das Studium der Theologie und der freien Wissenschaften. Morus' Vater veranlaßt den Abbruch des Studiums in Oxford, und Thomas kehrt nach London zurück. Dort beginnt er ein Jurastudium am New Inn. Zwei Jahre später wechselt er zum Lincoln's Inn. Er lebt im Londoner Haus der Kartäuser.

1499 Thomas Morus beendet sein Jurastudium und arbeitet als Anwalt in London. Er lernt Erasmus kennen. 1501 wird er Lektor am Furnival's Inn.
Er beginnt, zusammen mit Lily, Epigramme aus der *Anthologia Graeca* zu übersetzen. In den Folgejahren verfaßt er auch englische Gedichte, darunter *Nine Pageants, Book of Fortune, A Rueful Lamentation* und *A Merry Jest.*

1505 Thomas Morus heiratet Jane Colt. Tochter Margaret wird geboren. In diesem und im folgenden Jahr ist Erasmus Gast des Hauses. Die gemeinsame Übersetzung einiger Schriften des Lukian entsteht.

1506 Tochter Elizabeth wird geboren; im darauffolgenden Jahr kommt die dritte Tochter, Cicely, zur Welt.

1509 Sohn John wird geboren. Erasmus verfaßt sein *Lob der Torheit,* das er Morus widmet.

1510 Morus wird Mitglied im ersten Parlament Heinrichs VIII. und im gleichen Jahr Under-Sheriff von London. Gleichzeitig wird er Lektor am Lincoln's Inn. Ebenfalls 1510 erscheint Morus' *Life of John Picus.*

1511 Nach dem Tod seiner Frau Jane heiratet Morus Alice Middleton.

1514 Thomas Morus beginnt die *Geschichte König Richards III.*, an der er vier Jahre arbeiten wird.

1516 *Utopia* erscheint im Dezember des Jahres in Löwen.

1518 Morus wird königlicher Sekretär und begleitet in dieser Funktion zwei Jahre später den König zu einem Treffen mit Kaiser Maximilian I. in Canterbury und zu einem Treffen mit Franz I.

1521 Morus wird zum Unterschatzkanzler ernannt; im gleichen Jahre wird er geadelt. Bei den Verhandlungen in Brügge trifft er erneut auf Erasmus und lernt Juan Luis Vives kennen. Sein späterer Biograph William Roper heiratet seine Tochter Margaret.

1523 *Responsio ad Lutherum* erscheint; Morus wird Sprecher des Unterhauses.

1527 Morus nimmt an Friedensverhandlungen mit Frankreich teil. Er begleitet Wolsey nach Amiens und Calais. In Amiens wird im August ein Friedensvertrag zwischen Franz und Heinrich geschlossen.

1528 Der Londoner Bischof Cuthbert Tunstall gestattet Morus, häretische Schriften zu studieren. Morus soll den katholischen Glauben gegen reformatorische Gedanken verteidigen können.

1529 *Dialogue concerning Heresies* erscheint. In Cambrai vertritt Morus zusammen mit Tunstall die Interessen Englands. Am 26. Oktober wird Morus zum Lordkanzler ernannt.

1530 Morus' Vater John More stirbt.

1532 Die endgültige Unterwerfung des Klerus erfolgt am 15. Mai. Am darauffolgenden Tag tritt Morus vom Lordkanzleramt zurück. Der erste Teil der *Confutation of Tyndale's Answer* erscheint.

1533 Der zweite Teil der *Confutation of Tyndale's Answer* und die *Debellation of Salem and Bizance* erscheinen. Im gleichen Jahr untersucht Morus den Fall »Elizabeth Barton«, der Nonne von Kent.

1534 Morus fällt in Ungnade und wird beschuldigt, eine Gegenschrift zum *Book of IX Articles*, das vom königlichen Rat herausgegeben wurde, verfaßt zu haben. Er weigert sich, die Suprematie des Königs anzuerkennen. Am 17. April wird er in den Tower of London eingeliefert. Dort verfaßt er eine Reihe kontemplativer

Werke wie *Treatise on the Passion, Treatise to receive the Blessed Body* und *De Tristitia Christi.*

1535 Morus' Lehnsgüter werden eingezogen. Ende April beginnen die Verhöre. Am 22. Juni wird John Fisher, der Bischof von Rochester, hingerichtet.
Thomas Morus wird zum Tode verurteilt und am 6. Juli auf dem Tower-Hügel enthauptet.

1935 John Fisher und Thomas Morus werden heiliggesprochen.

Dietmar Herz, geb. 1958 in Schwabniederhofen, Studium der Politischen Wissenschaft, Philosophie, Geschichte und Jurisprudenz in München, London und Harvard, Promotion 1991, Habilitation 1996, ist Professor für Politische Wissenschaft an der Rheinischen Friedrich-Wilhelms-Universität Bonn. Veröffentlichungen u.a.: Frieden durch Handel. Zur Außen- und Außenwirtschaftspolitik der Roosevelt-Administration in der ersten Hälfte der dreißiger Jahre (1987); Das kurze Amerikanische Jahrhundert. Auf der Suche nach innerer und äußerer Ordnung (1991); Die wohlerwogene Republik. Das konstitutionelle Denken des politisch-philosophischen Liberalismus (1999); zahlreiche Aufsätze und Sammelbandbeiträge zu Fragestellungen aus dem Bereich der politischen Philosophie, der Theorie des Konstitutionalismus und der politischen Ökonomie.

Veronika Weinberger, geb. 1970 in Wegscheid, Studium der Politischen Wissenschaft, Romanistik und des Fachs Deutsch als Fremdsprache in München, Magister Artium 1998, ist wissenschaftliche Mitarbeiterin an der Rheinischen Friedrich-Wilhelms-Universität Bonn. Veröffentlichungen u.a.: Aufsätze zur politischen Ökonomie und politischen Theorie; Übersetzungen aus dem Französischen und Englischen.

Ebenfalls im Junius Verlag:

Detlef Horster
Postchristliche Moral
Eine sozialphilosophische Begründung

Detlef Horster entwickelt eine auf die gegenwärtige Gesellschaftsstruktur bezogene umfassende Moralkonzeption, die sowohl den Gesellschaftsbezug der einzelnen Menschen wie deren Anspruch auf Selbstverwirklichung berücksichtigt. Als Äquivalent zu den heiligen Texten der Offenbarung, aus denen Anweisungen für moralisches Handeln entnommen werden konnten, haben wir heutzutage die Moral der wechselseitigen Anerkennung, die das »framework« für die moralische Einzelentscheidung bildet; und die Stelle der auslegenden und helfenden Geistlichkeit nehmen heute Ethikkommissionen ein.

Mit diesem Buch wird für unsere nachchristliche Gegenwart eine umfassende Moralkonzeption vorgelegt, wobei darüber hinaus in einzelnen Kapiteln die Frage nach dem glücklichen und gelungenen Leben, das Recht und die moralischen Motive abgehandelt und zueinander in Beziehung gesetzt werden.

ca. 672 Seiten, Hardcover mit Schutzumschlag
ISBN 3-88506-285-2
Erscheinungstermin: Oktober 1999

In der Reihe »Zur Einführung« im Junius Verlag bisher erschienen:

Theodor W. Adorno
von Gerhard Schweppenhäuser

Hans Albert
von Eric Hilgendorf

Günther Anders
von Konrad Paul Liessmann

Karl-Otto Apel
von Walter Reese-Schäfer

Hannah Arendt
von Karl-Heinz Breier

Ingeborg Bachmann
von Stefanie Golisch

Roland Barthes
von Gabriele Röttger-Denker

Georges Bataille
von Peter Wiechens

Jean Baudrillard
von Falko Blask

Samuel Beckett
von Friedhelm Rathjen

Henri Bergson
von Gilles Deleuze

Ernst Bloch
von Detlef Horster

Jorge Luis Borges
von Adelheid Hanke-Schaefer

Hans Blumenberg
von Franz Josef Wetz

Pierre Bourdieu
von Markus Schwingel

Giordano Bruno
von Anne Eusterschulte

Edmund Burke
von Robert Zimmer

Elias Canetti
von Dagmar Barnouw

Ernst Cassirer
von Heinz Paetzold

E.M. Cioran
von Richard Reschika

Donald Davidson
von Kathrin Glüer

Jacques Derrida
von Heinz Kimmerle

John Dewey
von Martin Suhr

Denis Diderot
von Ralph-Rainer Wuthenow

In der Reihe »Zur Einführung« im Junius Verlag bisher erschienen:

Wilhelm Dilthey
von Matthias Jung

Meister Eckhart
von Norbert Winkler

Umberto Eco
von Dieter Mersch

Mircea Eliade
von Richard Reschika

Norbert Elias
von Ralf Baumgart
und Volker Eichener

Paul K. Feyerabend
von Eberhard Döring

Johann Gottlieb Fichte
von Helmut Seidel

Michel Foucault
von Hinrich Fink-Eitel

Anna Freud
von Rolf Denker

Sigmund Freud
von Hans-Martin Lohmann

Erich Fromm
von Helmut Wehr

Johann Wolfgang von Goethe
von Peter Matussek

Günter Grass
von Dieter Stolz

Jürgen Habermas
von Detlef Horster

Nicolai Hartmann
von Martin Morgenstern

Johann Friedrich Herbart
von Matthias Heesch

Georg Wilhelm Friedrich Hegel
von Herbert Schnädelbach

Martin Heidegger
von Günter Figal

Heinrich Heine
von Ralf Schnell

Johann Gottfried Herder
von Jens Heise

Thomas Hobbes
von Wolfgang Kersting

Friedrich Hölderlin
von Henning Bothe

E.T.A. Hoffmann
von Detlef Kremer

Max Horkheimer
von Rolf Wiggershaus

In der Reihe »Zur Einführung« im Junius Verlag bisher erschienen:

Edmund Husserl
von Peter Prechtl

William James
von Diaz-Bone/Schubert

Karl Jaspers
von Werner Schüßler

Jesus
von Peter Antes

Uwe Johnson
von Stefanie Golisch

Hans Jonas
von Franz Josef Wetz

C.G. Jung
von Micha Brumlik

Franz Kafka
von Wiebrecht Ries

Immanuel Kant
von Jean Grondin

Sören Kierkegaard
von Konrad Paul Liessmann

Alexander Kluge
von Rainer Stollmann

Lawrence Kohlberg
von Detlef Garz

Heinz Kohut
von Ralph J. Butzer

Konfuzius
von Xuewu Gu

Siegfried Kracauer
von Gertrud Koch

Julia Kristeva
von Inge Suchsland

Jacques Lacan
von Gerda Pagel

Lao-tzu
von Florian C. Reiter

Emmanuel Lévinas
von Bernhard H.F. Taureck

Claude Lévi-Strauss
von Edmund Leach

John Locke
von Walter Euchner

Niklas Luhmann
von Walter Reese-Schäfer

Georg Lukács
von Rüdiger Dannemann

Martin Luther
von Dietrich Korsch

In der Reihe »Zur Einführung« im Junius Verlag bisher erschienen:

Jean-François Lyotard
von Walter Reese-Schäfer

Niccolò Machiavelli
von Quentin Skinner

Karl Mannheim
von Wilhelm Hofmann

Herbert Marcuse
von Brunkhorst/Koch

Karl Marx
von Flechtheim/Lohmann

George Herbert Mead
von Harald Wenzel

Maurice Merleau-Ponty
von Christian Bermes

Conrad Ferdinand Meyer
von Andrea Jäger

Montaigne
von Peter Burke

Montesquieu
von Michael Hereth

Thomas Morus
von Dietmar Herz

Robert Musil
von Thomas Pekar

Friedrich Nietzsche
von Wiebrecht Ries

Novalis
von Berbeli Wanning

Blaise Pascal
von Eduard Zwierlein

Jean Piaget
von Ingrid Scharlau

Platon
von Barbara Zehnpfennig

Ezra Pound
von Alexander Schmitz

John Rawls
von Wolfgang Kersting

Paul Ricœur
von Jens Mattern

Richard Rorty
von Detlef Horster

Jean-Paul Sartre
von Martin Suhr

Ferdinand de Saussure
von Peter Prechtl

Friedrich W.J. Schelling
von Franz Josef Wetz

In der Reihe »Zur Einführung« im Junius Verlag bisher erschienen:

Carl Schmitt
von Reinhard Mehring

Arthur Schopenhauer
von Wolfgang Korfmacher

William Shakespeare
von Bernhard H.F. Taureck

Georg Simmel
von Werner Jung

Baruch de Spinoza
von Helmut Seidel

Rudolf Steiner
von Gerhard Wehr

Leo Strauss
von Clemens Kauffmann

Thomas von Aquin
von Rolf Schönberger

Paul Tillich
von Gerhard Wehr

Alexis de Tocqueville
von Michael Hereth

Christian Thomasius
von Peter Schröder

Paul Valéry
von Ralph-Rainer Wuthenow

Eric Voegelin
von Michael Henkel

Michael Walzer
von Krause/Malowitz

Max Weber
von Volker Heins

Ludwig Wittgenstein
von Chris Bezzel

Antike politische Philosophie
von Walter Reese-Schäfer

Buddhismus
von Jens Schlieter

Die europäischen Moralisten
von Robert Zimmer

Europäische Mystik
von Gerhard Wehr

Hinduismus
von Andreas Becke

Die Sophisten
von Bernhard H.F. Taureck

Die Vorsokratiker
von Carl-Friedrich Geyer